JN092681

離婚後の面会交流・共同親権に関する考察

——

佛教大学社会学部
公共政策学科 准教授
花元 彩

せせらぎ出版

まえがき

　2024年1月31日に次のような記事が掲載された。「法制審議会（法相の諮問機関）の家族法制部会は30日、離婚後も父母双方が子の親権を持つ『共同親権』を導入する民法改正要綱案をまとめた。離婚後は父母の一方のみが持つ『単独親権』に限る現行法を改め、父母の協議や裁判所の決定により共同親権の適用も可能になる。離婚後の子育てのあり方が大きく変わろうとする中、3年弱に及ぶ検討作業に携わった関係者や、離婚・離別を経験した親らは今、何を思うのか。」（大野暢子（2024年1月31日付　東京新聞朝刊に加筆 https://sukusuku.tokyo-np.co.jp/family/81219/ 共同親権「異例」の展開　法制審で全会一致せずに法改正の要綱案まとまる　今国会に提出へ 「忸怩たる思い」の委員も「東京すくすく」子育て世代がつながる ─ 東京新聞（tokyo-np.co.jp）））。そして、2024年4月17日に、離婚後の共同親権を認める改正案が衆議院本会議で可決され、今国会で成立する見込みとなった。いよいよ、我が国でも離婚後の共同親権が導入されることになる。

　離婚後、父母双方と子は親密な関係を継続することが望ましいとされ、離婚後の面接交流（現在の面会交流）が民法766条の監護に関する事項の一つとして認められるようになり、2011年の民法改正で、民法766条において、面会交流や養育費などについては、子の利益を最も優先して定めなければならないとされた。そして、裁判実務においても、子の虐待などがないのであれば、原則として、面会交流を実施するようにとの判断が一般的になった。

　この面会交流をさらに広げ、離婚後の共同親権を実現させるべき

3

か。著者は、20年ほど前に、研究者と裁判官からなる関西家事事件研究会で、「離婚後の共同監護の可否」について報告したことがある。その際、裁判官より、「離婚した夫婦が、同居協力義務のない破綻した関係で、子育てを共同でできるとは思えない」、「もし、離婚後の共同監護・共同親権を認めた場合、元夫婦間の話し合いで合意に至らない場合、家裁が子どもの宗教や進学先を決めることになるのか」との疑問、ご意見を頂戴した。そのように実務家には不安視された離婚後の共同親権が実現される。確かに、離婚後の共同親権が可能な元夫婦もいよう。彼らに離婚後の共同親権の可能性を認めていくのは子の福祉に適う。しかし、要綱案を作成した法制審議会家族法部会でも、離婚後の共同親権で子の養育について父母が合意に至らなかった場合、裁判所がどのように判断していくのか、また、それだけの人力が不足していないか、という懸念が示されていたように、この制度の先行きは、依然として不透明である。冒頭の記事にあるように、「忸怩たる思い」を抱く者も少なくない。

　本書は、離婚後の子の福祉の観点から、離婚後の面会交流で元夫婦がどのような場合に面会交流が認められるか否か、また別居中・離婚後の監護に関する事項でどのような問題が生じうるかを論考および事例研究で検討したうえで、面会交流と離婚後の共同親権の要綱案を考察するものである。本書により、「忸怩たる思い」を抱くことなく、「晴れ間」が見えるようになれば、望外の喜びである。

　2024年4月

　　　　　　佛教大学社会学部 公共政策学科 准教授　花元 彩

目　　次

事例研究

第1章　面接交渉権の法的性質に関する一考察

——アメリカにおける継親子間の訪問権を中心に——

Ⅰ　はじめに

　父母の離婚後に、子はそれまで親密な関係を有していたにもかかわらず、監護者とならなかった父母の一方との接触を維持することが難しくなる。この関係を少しでも維持するために存在するのが面接交渉（現在の面会交流）である。この面接交渉の内容とは、面会、短時間の宿泊や旅行、文通、電話、写真や贈り物の交換などである。[*1] 我が国における面接交渉の最初の審判例は、東京家審昭和39年12月14日の事件（家月17巻4号55頁）であり、これ以降実務においては、2011年に「面会交流」として明文化されるまで、面接交渉は民法766条および家事審判法9条1項乙類4号による子の監護に関する処分として処理されてきた。しかし、この面接交渉権の法的性質については争いがあり、またこの面接交渉は父母を中心に認められているのが実状である。確かに面接交渉は父母と子との間に問題となることが多いのであるが、父母以外の者についても認められてもかまわないのではなかろうか。[*2] 子は、父母はもちろん父母以外の者で自分と親密な関係を有してきた者との接触を維持するために、そういった者との面接交渉の機会を有することが許されるべきである。

　我が国の面接交渉権にあたるアメリカの訪問権は、元来、親の権利であると理解されており、それは制定法上でも、父母の離婚後に監護権を得られなかった親の一方に訪問権を与えると規定されていることから明らかであるが、その訪問決定の際に子の最善の利益の基準を用いるようになって、訪問

権は親の権利であると同時に子の権利であるとも考えられるようになった。[*3]
1970年代後半から、離婚率の上昇により、非監護親側の祖父母の訪問権が問題とされ、これが判例法および制定法で認められるようになった。そして、親子間から祖父母と孫間に広がった訪問の問題は、現在では、継親や兄弟姉妹、子と親密な関係を有してきた者といったように、さらにその広がりを見せている。そこでは、もはや訪問権は親だけの権利とは理解されておらず、そこにあるのは、子の最善の利益の観点であり、訪問権それ自体を子の権利としてとらえる傾向にある。

　本章は、アメリカにおける継親子間の訪問権の現状を参考にし、父母ならびに子と親密な関係を有してきた者（継親・祖父母・兄弟姉妹など）に面接交渉を認めていくためには、面接交渉権の法的性質をいかに理解すればよいかということを検討するものである。

Ⅱ　アメリカにおける継親子間の訪問権について

　まず、継親子間の地位について述べると、コモン・ローでは、継親子間には、いかなる権利も義務も生じるものではなかった。[*4] 実親子間については、実親は、憲法上保護された自分の子を養育し監督する一応の排他的な監護に関する権利を有しており、この権利は、実親が自分の子を育てるということが、その子の福祉に貢献するといった推定から、生じるものであった。そして、親子間の訪問については、非監護親が有する親の自然権である監護の一形態であると理解されていたり、もしくは、離婚手続で裁判所が、父母の一方を監護者として定めた場合、非監護親が有する子との訪問が、排他的な監護の割合を奪い去ることにより監護親の監護領域を侵害することから、監護に関する一種の制限であると理解されている。[*5] その結果、監護親が父母以外の者からの訪問を拒否する場合には、裁判所はそのような訪問を否定していた。[*6]

　アメリカでは、離婚率および再婚率の上昇によって、継子が増加していった。[*7] この継親子家族（stepfamily）の増加にもかかわらず、継子と養子縁組をしていないのであれば、継親は法律上の親と同様の権利および義務を有す

るのではないとされる。つまり、継親が法律上の親と同様の権利を有するためには、継親は継子と養子縁組をすることが必要なのである。しかし、この継親子間の養子縁組はいつも可能なわけではない。なぜなら、その継親子間の養子縁組については、州によっては、子の法律上の父母双方の同意、または、非監護親が1年間子と面接交渉を実施せずまた扶養義務を故意に果たしていない場合には、この親の同意の代わりとなる裁判所の許可が、必要となるためである。[8] そのため、再婚家庭の崩壊により、実親子間とかわらぬ関係を婚姻期間中に有しておきながら、継子と養子縁組をしていなかった継親と継子の間の訪問が、問題となることも多くなっていったのである。このような背景の下、継親子間の訪問を実現するために、後に説明する *in loco parentis* の原則により、または、継親子間の訪問が子の最善の利益に貢献することを理由に、判例法上訪問権を継親に与えている[9]州や、継親にも訪問権を与える制定法を成立させている州がある。[10] 後者については、カリフォルニア州のように、継親自体に訪問権を与えるということを規定している州や、コネチカット州のように、幅広く父母以外の者に訪問権を与えると規定することにより、継親等に訪問権を与えようとしている州がある。以下では、こういった継親に訪問権を与えている3つの類型にそって、アメリカでは、いかなる方法で継親子間の訪問が確立されていったのかについての分析を試みる。

1．*in loco parentis*の原則（親代わりの原則）

　まず、制定法によって法律上の親には訪問権が与えられてはいるが、継親にはこれが与えられていないために、*in loco parentis* の原則を用いることによって、継親に訪問権を与えた判例をいくつか紹介し、訪問と *in loco parentis* の原則の関連付けをその後に試みる。

A．判例における*in loco parentis*の原則と継親子間の訪問権
① *Spells v. Spells* （ペンシルベニア州　1977年）[11]

　継親子間の訪問について、*in loco parentis* の原則が持ち出されたのは、この事件が初めてである。

2人の子どもの実母（Mary Ann Spells）と継父（Calhoun Spells）は、1971年1月23日に婚姻し、この夫婦間に子どもはいなかった。1973年にこの夫婦は別居し、妻の方から離婚が申し立てられ、1975年にこの継父の方から継子（当時でそれぞれ12歳と8歳）との訪問を認めるようにとの申立てがなされたのであるが、第一審では、これが否定されたので、継父が上訴した事件である。

　ペンシルベニア州の中間上訴裁判所は、「単に、継父が子どもたちと血縁関係にないからといって、継父は継子を訪問する権利を否定されるものではないということを、我々は確信している。ひとつの家庭環境のもとで暮らしていた継父と彼の幼い継子たちの間に、愛情に基づく深く永続的な絆があったことは、明らかである。裁判所は、継父（もしくは継母）が、子どもが未成年の間、実際に認識し愛してきた唯一の親であろうことを認めなければならない。継親は、実親と同じように献身的であろうし、継子の福祉についてかかわりあうであろう。単に継親の地位にあるということだけでは、訪問権を与えないとするに足る理由にはなりえない。[*12]」と述べている。さらに、裁判所は、*in loco parentis* の定義として、「*in loco parentis* として認識されるそのような地位は、まず第一に、親としての地位の引き受けであり、次に、親としての義務を果たすことを包括するものである。[*13]」と述べている。また、「自分の配偶者と彼女の実子とともに生活している継父は、『*in loco parentis*』の地位にあると推定してもかまわない。我々は、継父と継子との間に絆が発達しているであろうと思っている。それゆえ、我々は、訪問権を与えることによってその関係を保護するべきである。実親子間の場合と同様、継父が家から離れても、継親と継子の間にある愛情は消えさるものではないであろう。[*14]」とも述べている。そして、「判例法において、（子の監護の事例において）結論にいたる際に、裁判所の指標となるものは、子の福祉であるということは明らかである。父母の権利およびその他すべての考慮事項は、これに従属するものである。[*15]」とし、また、「継親が継子にとって『*in loco parentis*』の立場にある場合には、裁判所はその者の訪問権を懸命に保護しなければならないのである。当然ながら、子の監護や訪問を巡る問題についての最大の関心事は、子の福祉と最善の利益である[*16]」と述べ、この事件において、継父

が *in loco parentis* の地位にあたるかどうかは第一審裁判所が熟考すべき事項であるとして、破棄差戻とした。

② *Gribble v. Gribble*[17] （ユタ州 1978年）

この事件は、被上訴人（妻であり子の母親 Emmarae Gribble）から上訴人（継父 Michael Gribble）に対して申し立てられた離婚の訴えに起因するものである。被上訴人には未成年子がおり、その子は前婚による子であって、上訴人との婚姻の2ヵ月前に出生した。被上訴人と上訴人との間には、婚姻期間中に4人の子どもができたのであるが、4人のすべてが出生時もしくは妊娠中に亡くなっている。また、子の継父である上訴人は、継子と今まで正式な養子縁組をしていなかったため、被上訴人は子の扶養については求めていなかった。上訴人は、自分は被上訴人の息子との適当な訪問を認められるべきであるという内容の反訴を起こした。彼は、その子を実子のように扱ってきたし、また、その少年との関係は大変親密なものであると感じていること、そして、その少年の福祉の促進を気にかけていることを主張した。さらに、上訴人は、少年が18歳になるまで、その子のために信託資金として毎月50ドル支払うことを申し入れていた。継子は、生後2ヵ月のときから上訴人と別居するまで、上訴人と生活をともにしてきたし、また実父とはまったく接触をしていなかった。第一審裁判所では、継父には継子との訪問についての審理が認められず、これを不服とする継父が上訴した。

この事件においてユタ州の最高裁判所は、「『*in loco parentis*』とは、親の代わりを意味し、『*in loco parentis* の地位にある者』とは、正式な養子縁組なしに、親としての責任と地位を引き受ける者のことである。この地位の引き受けをするかしないかは、その者がその義務を引き受ける意思があるかどうかによる。[18]」と *in loco parentis* を定義付けた。そして、子が生後2ヵ月の頃からともに生活をしてきた継父が、*in loco parentis* の地位に当たることを認め、かつ *in loco parentis* の終了については、実母と継父の離婚によって終了するものではなく、「被上訴人ではなく、上訴人と子だけがその関係を終了することができる。[19]」と述べている。また、「*loco parentis* の地位にある継父が、実親に与えられる権利と同じように、訪問の権利を求める機会を与えられる

11

のであれば、彼はそのような関係が完全に残っている限り、*loco parentis* の義務や責任から逃れることを許されるべきではない。審理においては訪問に関する権利を決定することができただけではなく、その権利は、子の扶養を援助する責任を継父が受け入れることを条件として、設けられるべきかどうかをも決定することができたのである。これは、*loco parentis* の概念と一致するだけではなく、子の福祉の必要性にも多分にあてはまるであろう。招かれる責任を受け入れること無しに、実親が有する権利を継親に与えるのを許すということを、*loco parentis* は予定していないのである。」とも述べた。そして、「実親によって育てられるということが子の最善の利益に適うものであるという推定は存在するのであるが、しかし、これは、事実上の推定の一つであって法律上の推定の一つではなく、充分な証拠によってくつがえすことができるのである。前述のように、子の福祉が支配するのである。」[21]とし、また「判例法において、(子の監護の事例において) 結論にいたる際に、裁判所の指標となるものは、子の福祉であるということは、明らかである。父母の権利およびその他すべての考慮事項は、これに従属するものである。」[22]とSpellsの事件の判決文を引用している。そして、裁判所は、継父が当該子の *in loco parentis* の地位にあるかどうか、また、訪問が子の最善の利益に適うかどうかを決定することが必要であるとして、この事件を破棄差戻とした。

③ *Bryan v. Bryan*[23] (アリゾナ州 1982年)

Michelle Marie Bryan は、被上訴人以外の男性との関係によって妊娠した者であるが、彼女は1979年に、David Howe Bryan と婚姻した。子の実母であるMichelle Marie Bryanが申し立てた離婚の訴えにより、子の継父であるDavid Home Bryan と継子との訪問が問題とされた。そこでは、すでに継父は、継子にとって *in loco parentis* の地位にあるということと、彼はあらゆる面でその継子の世話をしてきていたし、また継子を実子としてみなしてきたことが確認され、継父に訪問権を与えることにより、継子の最善の利益が促進されることが認められていたのであった。実母は、離婚の手続をしている当事者双方が子の法律上の親である場合にのみ、裁判所は子の監護につい

て決定することができるものであり、それゆえ、当該子の法律上の親ではない継父には、裁判所は訪問権を与えることはできないとして、上訴した。

　アリゾナ州の中間上訴裁判所は、継子が生後2ヵ月の頃から継子の世話を担ってきている継父は、継子にとって *in loco parentis* の地位にあったとして、継子との訪問を継父に認めた第一審裁判所の判断を肯定した。そして、裁判所は、実母の主張に対しては次のように述べている。子の扶養に関して、婚姻両当事者は実子もしくは養子について扶養する義務を負うとの規定があるのに対し、子の監護についてはそのような規定は存在していない。継親は扶養義務を課せられないという原則が以前に確立しており、これを立法府が維持しようとしていることは明らかであるが、監護に関しては、婚姻両当事者の子でなくても、裁判所は、管轄権を有する。[24]また、継子について婚姻両当事者に子の扶養に関する共通の責任はないので、裁判所は継子の監護に関する権限を有しないと考えられていたことについては、「監護や訪問権は、第一に親のためにあり扶養義務の代償であるという古い考えから、生じたものである」[25]とし、「子の監護の問題については、親を満足させることではなく、子の福祉が最優先されるものであること」[26]、さらに、「州は、その法律によって分裂された家のいかなる子の福祉についても正当な関心を持ち、その関心は、婚姻の解消が子の父母双方のものかもしくは一方のものであるかによって、区別されることのない、ゆるぎのないものである。」[27]とも述べている。

④ *Hickenbottom v. Hickenbottom*[28]（ネブラスカ州 1991年）

　1984年3月18日に婚姻した夫婦（Scott D.Hickenbottom と Judy L. Hickenbottom）は、2人の息子をもうけた。長男は1984年10月26日生まれであり、次男は1986年11月4日生まれである。そして妻には、前婚中の1980年2月3日に出産した長女がおり、この少女が2歳の頃から、この夫婦と少女は生活をともにしていた。また、この少女の実父は、ずっと彼女と接触していなかったし、彼女の生活の維持のために何の支出もしてきてはいない。そして、彼女が話すことができるようになってきてからずっと、継父は、必要な場合には彼女をしつけ、彼女の世話をし、食事を用意し、学校の行事等にも参加していた。また、継父は、彼女のことを「stepdaughter」と呼んだことは一度

もないし、彼女も彼のことを「stepfather」と呼んだことはなく、彼女は彼のことを「daddy」と呼んでおり、彼の苗字を名のっていた。このような背景のもと、離婚を申し立てた継父が、継子である少女との訪問をも求めたのである。ネブラスカ州の第一審裁判所は、こういった状況から、継父による訪問は、継子の最善の利益に適うものであると認識して、継父にその少女との訪問権を与えたのであるが、これを不服とする少女の実母が上訴した。

　実母が、自分の娘と継父との訪問を反対する理由として、彼女が第一審裁判所で述べていたのは、「第一に、彼の子ではないから。その子は私の子であり、私に依存しているのである。私たちには私たちの人生があるし、彼には彼の人生がある。私はそれをうまくやっていきたいだけである。私は、彼の好き勝手に行ったり来たりしてもらいたくはない。彼女は、以前に捨てられ、置き去りにされた……捨てられたとは言いたくはないが、しかし一人の父親に置き去りにされたのだ。私は二人目の父親によってそうされる必要はないと思っているし、私はそれに我慢ならない。そして彼の嫌がらせ、私はそれにも我慢ならない。[29]」ということであった。

　ネブラスカ州の最高裁判所は、「継親子関係にあった者に訪問を認める条件として、*in loco parentis* の地位を要求することは、単に継親という肩書きを有するに過ぎない者に対して、訪問権への扉が、開かれるものではないということを確実にするのに、役立つものである[30]」とし、*in loco parentis* の定義としては、*Austin v. Austin*（22 N.W.2d.560）の事件から、「子にとって *in loco parentis* の地位にある者とは、法律上の養子縁組に必要な手続なしに、親としての関係に付帯する責任を引き受けることにより、法律上の親としての地位に自らを置く者である。そのような者の権利や義務および負担は、法律上の親が有するそれらのものと同様である。その関係の引き受けは意思の問題であり、それは、その地位にあると言われている者の行動や表明によって示されているであろう。」という言葉を引用して、記録から継父と継子の間には、*in loco parentis* の関係が存在していたことは明らかであるとしている[31]。そして、母親の主張に対しては、「第一審裁判所による記録は、何が娘の最善の利益に貢献するものであるかということよりも、娘との接触を夫に否定することによって、彼を懲らしめてやろうということに、母親が大変執

14

着しているということを、我々に確信させるものである。少女は財産の一部ではない。彼女は、生きているし、呼吸しているのである。そして、彼女が認識してきた家庭の崩壊により、外見上すでに取り乱している壊れやすい人なのである。婚姻中に彼女を世話してきた者からの精神的な支えを奪うことにより、彼女にさらなるダメージを与える必要はない。[32]」とも述べ、第一審裁判所の判断を支持したのであった。

B．*in loco parentis*の原則と訪問権

　上記紹介判例に見られるように、*in loco parentis*の原則とは、正式な養子縁組なしに、継親に対して実親および養親と同様の権利を与え、義務を課すものである。この原則を認めるには、継親子間に、親密で愛情に満ちた関係が育まれていたこと、継親が継子に対して経済的かつ心情的な支援を与えていたということ、継子をしつけていたこと、継子の教育に積極的に関心をよせていたことなどがあったことが、要求される。[33]つまり、*in loco parentis*の原則とは、一種の法律上の親子関係の擬制である。そして、この継親子間に存在する*in loco parentis*の状態は、継親および継子のみが終了させることができる。このような継親子関係は、法体系に由来するものではなく、法体系によって保護されるに値するものであり、*in loco parentis*の原則は、裁判所がこれらの関係を保護するための道具として、役立っている。[34]こういった、*in loco parentis*の関係を見出すことは、裁判所に対して、自分たちの継子との間にこのような関係を確立してきた継親について、親としての権利と責任を与えることを許すものであり、[35]これにより、親に与えられている訪問権を継親にも与えるものである。たいていの場合、その責任としては、扶養義務があげられているが、この扶養義務を否定する事例もある。[36]では、*in loco parentis*の関係の存在だけを立証すれば、継親に訪問権が与えられるのであろうかというと、やはり、訪問権を決定する際の絶対の基準は、子の最善の利益なのである。結局のところ、*in loco parentis*の関係が認められる継親子関係においても、継親に継子との訪問を認めることが子の最善の利益に適うという観点から、継親子間に訪問を認めるということを結論付けている。[37]

2．子の最善の利益
A．判例における子の最善の利益概念と継親子間の訪問権

　次に紹介するのは、制定法上、親には訪問権が与えられているが、継親には与えられておらず、これを可能にするために、子の最善の利益もしくは子の福祉を理由として、継親に継子との訪問権を与えた判例である。

① *Looper v. McManus*（オクラホマ州　1978年）[38]

　子の実父母は、彼らが10代のうちに婚姻し、1970年9月9日に、二人の間にMichael Paul Looperが生まれた。この子の監護は、1972年10月の離婚において、父親に託された。その後、父親は再婚し、その婚姻が1976年5月に解消されたにもかかわらず、父親の再婚相手である子の継母は、子が2歳の頃から1977年4月11日まで、（実母の訴えによって認められたMichaelの監護権を実母に与えるという裁判所による監護の変更の命令の日まで）、継続して継子の世話をしていたのである。監護の変更につき、第一審裁判所は、父親と継母および子の父方の祖父母（祖父母もしばらくの間子の世話をしていた）に訪問権を与えた。実母がこれを不服として上訴した。

　ここでは、継母と訪問権とのかかわりを中心に考察していくことにしたい。オクラホマ州の中間上訴裁判所は、「訪問権はただ単に大人の訪問者のためにあるものではなく、それは、初期に確立された親密な関係を部分的に継続させることを認めることによって、子の精神衛生上の福祉に、極めてまたは少なくとも有益に貢献すると思われることの実現を、目的としているのである[39]」として、訪問権の目的は子の福祉の増進であることを述べている。そして、継子が2歳の頃から、3〜4年間、優しく愛情のこもった世話を継子に与え、継子をすすんで育ててきた継母とその継子との関係について、「そのような状況においては、親密で母のような関係が確立されてきたはずであり、幼児とその幼児が今まで実際に認識してきた唯一の母親との間に、訪問をときどき行うという過渡的な期間を設けることなくして、突然にその仲を裂くことは、残酷でまったく思慮に欠けるように見える。」[40]と述べ、第一審裁判所の判断を支持し、継母に訪問権を与えたのであった。

16

② *Honaker v. Burnside*^{*41}（ウエスト・ヴァージニア州　1989年）

　6歳の少女 Elizabeth Honaker は、Leonard Douglas Honaker と Patricia Honaker の娘であった。しかし、この夫婦は1984年11月29日に離婚し、その離婚命令に従って、当時1歳をちょうど過ぎた頃の Elizabeth の監護は、申立人である実父に適当な訪問を認めることを条件に、彼女の母親である Patricia に与えられた。離婚後、Patricia は Bradley Tuckwiller と1985年2月14日に婚姻した。彼らは一男をもうけ、その子はこの申立当時3歳であった。この婚姻期間中、Elizabeth は、彼女の母親と継父、そして半血の弟とともに生活していた。この家庭環境は、彼女が認識してきた唯一の家庭環境であり、彼女は、自分の継父と親密で愛情に満ちた関係を発達させていた。

　実父は、先妻の再婚期間中も、自分の訪問権を活用したり、彼女にプレゼントを贈ったり、養育費を支払うことなどによって、Elizabeth との関係を維持していた。この実父が、親としての適性を欠いているとか、親としての権利や義務を放棄しているといったような問題は、まったくなかったのである。このような状況の中、Patricia は1988年11月10日に悲劇的にも交通事故で亡くなり、彼女の最終意思と遺言に従い、彼女の夫である Bradley が彼女の2人の子の後見人として選ばれた。これに対し、実父は、娘の監護権を得ることを求めた。第一審裁判所では、娘の監護者を実父とすることを認めたのであるが、これには、母親を亡くしたということに続いて起こる、劇的な変化から生じる Elizabeth の心の傷を軽減する試みとして、6ヵ月の移行期間が与えられたのである。しかし、第一審裁判所においては、この移行期間の詳細は定められていなかった。これに対して、実父が、Elizabeth に関する監護権は即時的に自分に与えられるべきであること、裁判所によって命令された6ヵ月の移行期間は恣意的で信頼するに足りないことを理由に、上訴した。

　ウエスト・ヴァージニア州の最高上訴裁判所は、実父が、親としての権利や責任を放棄していたとか、親として適していないということが認められないとして、自分の子を育てるという自然権を有する実父に監護権を与え、実父が不服とする6ヵ月の移行期間については、実母を失った Elizabeth のさらなる家庭環境の変化によって生じる心の傷を軽減する上で、妥当であるとし

ている。そして、継親子と半血の弟を巡る訪問について、裁判所は次のように述べている。「訪問とは、子との訪問権を与えられた大人のためのものである。しかし、裁判所が関心を寄せているのは、大人の利益ではない。子の利益こそが重要なのである。」[42]とし、さらに、「現代の子は一人格としてみなされるものであり、親の排他的で変更のできない所有権下にある従属的人格ではないという現実から、訪問に関する子の最善の利益の概念は生ずるものである。子は権利を有するのである。」[43]として、訪問権の主体は子の最善の利益であること、および子自身が権利者となりうることを述べた。さらに、「我々は……Elizabethと幼児にできるだけ安定した環境を与えるために、継続的な接触が絶対的に必要であるということを認識している。Elizabethは、このようないたいけな年頃に、自分の母親をなくすという、心の傷となるような大変辛い経験をしてきている。彼女の生活において、最も重要なこの二人との継続的な接触を奪いさるということは、彼女の安定性や福祉に有害となるであろうし、これは幼児にとっても同じことである。それゆえ、我々は、彼女が自分の家族と見なしている者との親密な関係を継続するための権利を、彼女が奪われないことを保障するために、彼女の継父であるBradley Tuckwillerと彼女の半血の弟である幼児との訪問は彼女に与えられるべきである。」[44][45]と述べている。

ウエスト・ヴァージニア州の最高上訴裁判所は、第一審裁判所に対して、子にとって不必要な心の傷を軽減することにも貢献し、継父と半血の弟との適当な訪問を確立することにも貢献するような、実父への監護の移行についての詳細な計画を明確に述べるよう指示して、この事件を差戻した。[46]

③ *Caban v. Healey*（インディアナ州 1994年）[47]

Cabanは、Diana（1985年4月生まれ）の実父であり、Dianaの実母は、彼女が約4ヵ月の頃に亡くなっていた。実母の死亡後、CabanはHealeyと交際を始め、二人はDianaを育てることについての責任を分担していたのである。1988年2月に、HealeyはCabanとの間に一男Josephをもうけ、二人は1988年12月に婚姻したのであるが、その関係は子のしつけについての見解の相違などから、間もなく終わりを迎えることとなった。1991年12月3日

18

に、Healey が離婚を申立て、当事者は、暫定的に、Diana と Joseph の監護権を Healey に与えるということに合意した。その後、Caban は、Diana の一時的な監護権を得ようと訴えを提起するも否定されたのであるが、彼は、Healey は当該子の生物学上および法律上の親ではないので、裁判所は Diana の監護に関する命令をなす権限を欠いていると述べ、暫定的な監護命令は終了された。そして、Caban には Joseph についての訪問権と Diana の監護権が与えられ、Healey には Diana との訪問権と Joseph の監護権が与えらた。

　Caban は Healey に認められた Diana との訪問を不服として、Healey の方は、第一審裁判所には自分に Diana の監護を認める権限がないとされたことを不服として、上訴した。まず、インディアナ州の中間上訴裁判所で問題とされたのが、第一審裁判所に Diana の監護に関する命令をなす権限があるかどうかであった。これについて、Caban は、裁判所は Diana の監護に関連する命令をなす権限を欠いていると述べている一方で、他方では、監護に関連する訪問を Healey に認めているのは納得できないと主張した。Healey の方は、裁判所には自分に監護権を与える権限があるので、自分に Diana の監護権を与えるべきであると主張した。中間上訴裁判所は、この点につき、インディアナ州では、監護について問題が生じている「子」とは、当事者の婚姻中の子、もしくは当事者の婚姻外の子、当事者の婚姻中に養子縁組をした子であるので、裁判所には、Diana の監護に関する命令をなす権限はないとして、Healey の訴えを斥けた。[*48] そして、Caban が不服とする Healey に認められた Diana との訪問については、裁判所には Diana の監護に関する命令をなす権限はないとしながらも、「父母以外の者は、監護者としてふさわしく親らしい関係が存在していること、および父母以外の者との訪問が子の最善の利益に適うことを示すことができるのであれば、父母以外の者は訪問権を与えられうる[*49]」として、Diana の監護権については Caban に、そして、今までの生活において母親として Diana に接してきた継母 Healey に Diana との訪問権を与えたのであった。

④ *Francis v. Francis*（インディアナ州 1995年）[*50]

Anita Francis と Rovert Francis は10年間、婚姻生活をいとなんでおり、

その婚姻期間中、Anitaは2人の子どもを出産していた。Anitaは長期間にわたって、William Carothersと不倫関係にあった。Rovertは子どもをつくることができない体であるにもかかわらず、自分は2人の子どもたちの父親であると、ずっと信じていたのである。一家が、フロリダ州で生活していたときに、Anitaは離婚の訴えを起こし、1994年4月に、これは認められていた。

　その離婚訴訟において、2人の子どもたちの父親がRovertであるかWilliamであるかを決定する血液検査が行われ、その結果、子どもたちの父親はWilliamであることがわかった。これにより、フロリダ州の裁判所は、子の最善の利益を理由に、Rovertに自由な訪問権を与える一方で、Anitaに子どもたちの監護権を与えたのである。その後、当事者たちはインディアナ州に転居し、AnitaとWilliamは婚姻したのであるが、Williamは、Rovertの訪問は子どもたちのしつけなどにとって問題であると考えたため、この訪問は、にわかには受け入れ難いと感じていた。その後、AnitaとWilliamは、Rovertの訪問を少なくしていったのである。それに対して、当時10歳と7歳であった子どもたちが、少なくなっていったRovertの訪問に不安を示すようになり、Rovertはインディアナ州に対して訪問命令を強制するよう求め、一方で、Anitaは、Rovertの訪問の変更を求める申立てをした。第一審裁判所では、Rovertの申立てが認められ、Anitaがこれを不服として、上訴した。

　インディアナ州の中間上訴裁判所は、「訪問を確立するためには、父母以外の者は監護者としてふさわしく親らしい関係の存在を証明しなければならないし、訪問が子の最善の利益に適うことも証明しなければならない。あらゆる事例において、父母以外の者との訪問が家族にとって有害となるかもしれないという親の単なる申立ては、訪問を否定するには充分ではない。父母以外の者が、実子のようにその子どもたちの世話をしていたような場合には、なおさらである。」と述べ、Rovertは、離婚前には父親として子どもたちの世話をしていたこと、子どもたちは、最近になってようやくWilliamと知り合いになったこと、子どもたちは、Rovert以外には他の誰も父親として認識していないこと、Rovertの訪問は家庭を崩壊させるかもしれないというAnitaの申立ては、無益なものであることなどを挙げ[*52]、さらに、「親は、

自分たちの子どもたちについて、第一次的な監護権を有するものであるが、その権利は所有権と同じではなく、我が州の裁判所によって認識されている子の福利に従属する義務の性質を有するものなのである[*53]」と述べ、子どもたちの父親として生活をともにしていたRovertの訪問は、子どもたちの最善の利益に適うものであるとして、Anitaの申立てを棄却した。

B．子の最善の利益と継親子間の訪問権

　上記で紹介した判例では、養子縁組をしていなかった継親に対して訪問権を与える際に、子の最善の利益または子の福祉を理由としたものである。前述のように、in loco parentis の原則を用いても、継親に訪問権を与える際の最上の基準は、子の最善の利益であった。子の最善の利益とは、州によって、制定法で採用されたものもあれば、裁判所によって形成されてきた判例法により確立されたものもある[*54]。判例において述べられていることを整理してみると、Honaker v. Burnside の事件では、まず、「訪問とは、子との訪問権を与えられた大人のためのものである。しかし、裁判所が関心を寄せているのは、大人の利益ではない。子の利益こそが重要なのである。」としている。訪問権が親のためのものであると述べているのは、制定法上で、親が訪問権を有すると規定されているからであろう。そのように考えると、「現代の子は一人格としてみなされるものであり、親の排他的で変更のできない所有権下にある従属的人格ではないという現実から、訪問に関する子の最善の利益の概念は生ずるものである。子は権利を有するのである。」と述べて、制定法上、親の権利としている訪問権を子の最善の利益の観点からとらえなおすことによって、訪問権を子の権利として再構築しているように思える。Caban v. Healey の事件では、「父母以外の者は、監護者としてふさわしく親らしい関係が存在していること、および父母以外の者との訪問が子の最善の利益に適うことを示すことができるのであれば、父母以外の者は訪問権を与えられうる。」として、やはり、子の最善の利益を軸に、父母以外の者に訪問権を与える基準について述べている。このように、訪問権について子の最善の利益が最高の指標となっていると考えられる以上、訪問は子のために存在するものである。ただ、実際には裁判所によって訪問権が与えられる

のは、子ではなく訪問権を求める大人のほうである。しかし、裁判所が考慮すべきことは大人のための利益ではなく子にとっての利益であり、その目的は、早い時期に確立した親密な関係の部分的な継続による、子の精神上の福祉への貢献なのである。[55] すなわち、*Looper v. McManus* の事件においては、「訪問権は、ただ単に大人の訪問者のためにあるものではなく、それは、初期に確立された親密な関係を部分的に継続させることを認めることによって、子の精神衛生上の福祉に、極めてまたは少なくとも有益に貢献すると思われることの実現を、目的としているのである」とされ、また、*Honaker v. Burnside* の事件においては、「自分の家族と見なしている者との親密な関係を継続するための権利を、彼女が奪われないことを保障するために、彼女の継父である Bradley Tuckwiller と彼女の半血の弟である幼児との訪問は彼女に与えられるべきである」とされているように、子は親密な関係を有してきた者との関係を継続する権利を有し、それを保障するのが訪問なのである。

3. 制定法によって与えられている継親の訪問権
A. 継親に訪問権を与えている制定法について

　継親に訪問権を与えている制定法には、継親自体に訪問権を与えるという規定を有する州と、継親とは明示せずに広く父母以外の者に訪問権を与えるという規定を有する州の2つにわかれる。以下では、その規定を簡単に紹介したい。

① 継親に訪問権を与える規定を有する州

　たとえば、カリフォルニア州では、その Family Code 3101条[56]において、継親の訪問について次のように規定している。

　3101条「(a) 継親による訪問が、未成年子の最善の利益に適うと決定される場合には、法律の他のいかなる規定にもかかわらず、裁判所は、継親に相当な訪問を認めることができる。(b) ……訪問を認められうる継親に対し、保護命令が発令されている場合には、裁判所は、子の最善の利益が継親によるいかなる訪問をも否定するよう要求しているかどうかを考慮することとする。(c) 手続の当事者ではない法律上の親の監護権または訪問権と抵触する

場合には、本規定により、訪問権を命令してはならない。(d) 本規定で用いられている、(1)『法律上の親』とは、8512条に規定されている法律上の親（筆者注－同条によれば、実親と養子縁組上の親）をいう。(2)『継親』とは、手続の対象である婚姻の当事者であり、その婚姻の相手方に未成年子がある者のことをいう。」

②　父母以外の者に訪問権を与える規定を有する州

コネチカット州では、Conn. Gen. Stat. 46b－59条[57]において、「第一審裁判所は、いかなる者（any person）に対しても、その者の申立てにより、いかなる未成年子または未成年子たちについての訪問権を与えることができる。そのような命令は、事案の事実および衡平（equitable）と考えられる条件または制限に服することを条件とし、裁判所の最良の判断に従うものとする。ただし、裁判所は、訪問権を与えるにあたって、裁判所による財政的な扶養命令を条件とするものではない。裁判所は、訪問命令を発し、修正または終了する際には、子の最善の利益を指針とし、子が十分な年齢に達し聡明な意見を表明することができる場合には、当該子の希望を考慮するものとする。訪問権が与えられる個人または複数の者に、親としての権利を創設するものとみなされてはならない。そのような訪問権を与えることには、それ以後、正当な管轄権を有する裁判所が、当該子の監護や子に関する親としての権利および子の養子縁組について決定することを妨げるものではなく、また、かかる裁判所のいずれも、訪問権を終了させる命令をその判決に含めることができる。」と規定されている。

B.　制定法上与えられた継親の訪問権について

継親子の訪問についての規定を有するカリフォルニア州も、法律上の親には訪問についての規定が制定されていたが、継親には訪問を認める規定は制定されていなかった頃、継親子間の訪問が問題となった事例（*Perry v. Superior Court*）[58]が1980年にあった。この事件では、*Bryan v. Bryan* で問題となったように、裁判所は「children of the marriage（婚姻中の子）」の監護や訪問について決定する権限を有するが継子についてはどうか、つまり、継

子はこの「children of the marriage（婚姻中の子）」にあたらないのではないかという論争が起こった。第一審裁判所が継父に訪問権を与えたのに対して、中間上訴裁判所は、継子は「children of the marriage（婚姻中の子）」にあたらないので、第一審裁判所には継親に継子との訪問権を与える権限は無かったとして、差戻としたのであった。[59]しかし、中間上訴裁判所は、その判決文において、「我々は、この現代社会において、おそらく、我々の目の前にある継親子の状況と本質的には同じような状況下にある継親子が、かなり多く存在していることを認識している。立法府は、継親による訪問についての、この困難な問題について、言明する権限を有しているのである。[60]」と継親に訪問権を与える規定の制定を、立法府に対して望んでいることを、表明していたのであった。このような背景のもと、継親子間に生じている監護的な関係を保護する重要性を認識し、1983年に、カリフォルニア州の立法府は、継親子間の訪問を認める規定を制定したのである。[61]カリフォルニア州以外にも、継親に直接訪問権を与える規定を有する州は、ニューハンプシャー州[62]、オハイオ州[63]、テネシー州[64]、ウイスコンシン州[65]などといった9つの州であるという。[66]

　コネチカット州のように、継親に直接訪問権を与えるのではなく父母以外の者に幅広く訪問権を与えるという規定を有する州として、アラスカ州[67]、オレゴン州[68]、ワシントン州[69]などの12州があるとされるが、これは、たとえば、州によっては、継親・祖父母・兄弟姉妹[70]それぞれに訪問権を与えるという規定を制定している州があるのに対し、子とそういった関係にあるものに限らずに、一括して、子の最善の利益に適うような訪問を広く認めていこうというものである。継親や祖父母・兄弟姉妹[71][72]それぞれに訪問権を与えるという規定を制定するにしろ、一括して父母以外の者に訪問権を与えるという規定を制定するにしろ、そこでは、結局のところ、子の最善の利益を軸として訪問権が与えられており、これは、アメリカの多様化する家族構成において、認知されていく領域が広くなっている子の最善の利益にも対応できるものであろう。そして、継親や祖父母・兄弟姉妹といった父母以外の者に訪問権を与えるとしても、そこでは、やはり、子の最善の利益に適うことが制定法上もしくは判例法により要求されているのである。

24

4．アメリカにおける訪問権の動向

　アメリカでは、離婚率および再婚率の上昇に伴って継親子関係が増加していることを背景に、親密な関係を有していた継親に継子との訪問権を与えることにより、その関係を保護し、子の最善の利益を確保している。かつては、訪問に関しては非監護親についての規定しかなかったので、子の父母以外の者には申立権がなく、そういった者について裁判所は訪問を認める権限を有しないとして、そのような者に訪問権は与えられないでいた。この手続上の問題に関しては、手続上の原則は大変重要であるが、その原則は秩序正しい迅速な判断という最終目的を達成するための単なる手段であり、子の最善の利益を向上させるための、監護や訪問の話し合いを成功させるという最終的な目的を妨げるべきではない、という批判があった。[*73]

　継親子間の関係の保護は、前述のように、*in loco parentis* の原則の適用、子の最善の利益の適用、または継親子間の訪問を認める規定の制定によってなされてきた。*in loco parentis* の原則の適用は、訪問は親の権利であると理解されているので、継親子間に法律上の親子間権利義務を擬制することにより、法律上の親子間に認められている訪問を継親子間に認めるために、用いられている原則である。これに対し、子の最善の利益の適用によって継親子間に訪問を認めているのは、訪問権それ自体は子の権利であるという、親の権利として認められていた訪問権の認識を超えるものである。また、これらの原則を利用するのではなく、継親自体に、もしくは、広く父母以外の者に対して訪問権を与えるという規定を有する州がある。このような流れは、子を親に従属するものと考え監護を親の権利と考えていた頃にあらわれた発想を省みた結果であろう。現在では、訪問の最終目的は子の最善の利益の促進であり、訪問を親の自然権である監護の一形態ととらえてきた概念は、過去の世代のものであるということが認識されている。[*74]

　1970年代後半から、祖父母と孫の間の親密な関係を保護するために、祖父母に訪問権を与える規定を各州が制定化した。[*75] そして、現在では、継親や父母以外の者についても、[*76] 制定法により訪問権を与えている州もあれば、制定法がなくても子の最善の利益によって訪問権を与えている州もある。そういった訪問権が与えられる者の拡大は、継親をはじめ、子の実母とレズビア

ンの関係にあった女性[*77]、子との間に親子関係に似た親密な関係を有していた者[*78]にも、訪問権が与えられるといったような形となって現れている。ここでは、必ずしも、血縁上および法律上の親子関係の存在は要求されていない。このような訪問権が与えられる者の拡大は、現在では、監護それ自体が親の責任であり監護は子のためのものであるという理解が浸透してきていることから、訪問も親のためのものではなく子のためのものである、と理解されたことによるものである。そして、その理解は親子間にとどまるものではなく、子の最善の利益が要求するならば、父母以外の者との訪問も認められるようになってきている。もっとも、父母以外の者に与えられる訪問権が、監護親の有する憲法上保護された親の養育権を侵害するのではないかという問題は、ある[*79]。ただ、親の養育権により訪問権が完全に否定されるのではなく、適性のある親は子の最善の利益に適うよう行動すると認識されているので、そのような親による監護に関する決定にしたがい、訪問権は制限されることになる[*80]。しかし、父母以外の者による訪問が子のニーズに適うのに、監護親による訪問の否定が恣意的であったり復讐心によるものであったり子にとって有害であれば、子の福祉はそういったものに打ち克ち、訪問は認められる[*81]。子にとって有害であることの証明を条件とするのかどうかについては——すなわち、連邦憲法修正第14条のデュープロセス条項が、子にとって有害であるときまたは有害となりうるときに、州の裁判所は、親の養育権に介入できるとしているために、子の最善の利益の適用のみで、父母以外の者に訪問が認められるのか、それとも、子の最善の利益の適用ではなく、訪問が認められるためには、訪問の否定が子にとって有害であるまたは有害となりうることの証明が必要であるかということである——見解がわかれている[*82]。

　家族法上の子どもの権利について、連邦最高裁判所は現在のところその考えを表していないが[*83]、紹介した判例でみられたように、親の権利としてではなく、子の最善の利益の観点からとらえなおすことにより、訪問権を子の権利として再構築していることを無視してはならない。訪問は、もはや生物学上および養子縁組上の親子関係の存在を理由として、認められるものではない。父母以外の者との訪問が子の最善の利益に適うのであれば——その基準としては、訪問を求めている者が子について積極的に監護を提供していたこ

26

とが求められるであろう——子とそういった者との訪問は認められうるのである。

Ⅲ　我が国における面接交渉権のとらえ方

1．我が国における継親子間の面接交渉権

　アメリカにおいて継親子間で訪問が認められているのは、前述で紹介したとおりである。我が国の審判例でも、古いものではあるが、継親子間の面接交渉が問題とされた事例が一件だけある。以下では、それを紹介した上で、面接交渉権の権利性について検討を試みる。

A．東京家審昭49.11.15（家月27巻10号55頁）
【事実の概要】

　Y男は、昭和41年9月3日に訴外A女と婚姻し、昭和42年7月22日に長男B（事件本人）が出生した。その後、同年12月18日、Bの父母YAは、YをBの親権者とすると定めて協議離婚をした。YはAと別居状態のとき当時の勤め先でX女（本件申立人）と知り合い、昭和42年7月頃からXYは同棲関係に入ったのであった。そして、XはYの求めに従い、生後間もないBを養育するようになり、翌昭和43年4月19日に、XとYは婚姻し、同年9月29日に、XY間にも長男Cが出生した。しかし、その後、XY間の夫婦関係が悪化して、離婚話がでるようになり、昭和48年初め頃から別居、同年6月12日には、夫婦関係調整事件の調停事項として、XYは当分の間別居しCはXが監護することと、YはXに対し、Cについての養育費を支払うよう取り決められた（Bについての取り決めはされなかったようである）。その後、Yの所在がわからなくなり、Xは幼いBCを抱え生活も困窮するようになっていったので、XがYの行方を捜したところ、昭和48年3月頃、他女Dと同棲しているYを見つけだした。YはXに対し、Bを自分で育てると言い、Bを引き取り自分の両親のところに預けた。その約10日後、XはBを5年余り育てた愛情にかられYの両親のところから自分のところへBを連れ戻したところ、これを知ったYがBをXのところから連れ帰った。以降、BはYDのもとで養育さ

れている。このような背景のもと、XがYに対し、過去の婚姻費用の分担およびBの引渡し、引渡しが認められなければ面接交渉を認めることを求めた事件である。

【裁判所の判断】

　過去の婚姻費用の分担については認められたのであるが、子の引渡しおよび面接交渉については否定された。その理由は次のようなものであった。

　まず、BがXの子でないとして、「Yが申立人と同棲し、婚姻同居した間申立人は夫であるYに対する情愛に基づいてBを養育し、夫のYにために尽すと共に、Bに対しても深い情愛を生ずるに至ったことは首肯できる。そして申立人の立場に立ってみれば生後間もない頃から同人を養育し曾て同人が申立人になついていたであろうことも充分察せられると共に、現在Yと申立人は法律上は夫婦であり乍ら、別居状態にあり、他方Yは愛人たる相手方Dと同棲し、Bが両名のもとに居ることに対する申立人の感情の動きも理解できないわけではないが、申立人はBとの間に生理的親子関係も法律上の親子関係もなく、またBの後見人であるというわけでもない。そして、記録によれば、Bは申立人の引取りを求めているわけでもなくむしろこれを求めていないものと認められる。」とし、XがBの引渡しを求める法律上の根拠がないとして、Bについての引渡しを認めなかった。そして、面接交渉については、「年少者である事件本人に対する面接は子の福祉の見地から考慮されるべきものであって、申立人の求めだけで認められるべきものでもなく、また事件本人の福祉のために必要であるとは認められない」とし、面接交渉も認められなかった。

B．検討

　この事件は、生理的親子関係も法律上の親子関係も存在しない継母から、面接交渉が求められた事件である。子の引渡しについては、確かに生理的親子関係も法律上の親子関係も存在せず、また後見人でもないので、認められないのは仕方のないことであろう。しかし、このケースの場合、面接交渉は認められても差し支えなかったのではなかろうか。事件当時Bはまだ7歳で

あり、裁判所は、Bが「申立人の引取りを求めているわけではなくむしろこれを求めていない」と認定しているがはたしてそうであろうか（当時自分の面倒を実際に見てくれていた父親Yとその同居女性Dへの配慮からかもしれない）。また、XB間にはXYの婚姻後法律上の親子関係が設定されなかっただけで心理的親子関係は見られたはずである。本件の場合では、XにBについての面接交渉を認めることは、「事件本人の福祉のために必要であるとは認められない」とされた。確かに、現在Bの監護にあたっているYDとXの間でBはいわゆる忠誠葛藤におちいる可能性も考えられ、これはある意味でBの福祉に適わぬとも言えよう。しかし、それよりも生後間もない頃から本件事件まで、実際にBの養育にあたり、母としてBに愛情を注いできたであろうXとBの関係、およびそれまで共に生活してきた弟CとBとの関係をも断絶してしまうことのほうが、Bの福祉に適わないように思える。

　子の引渡しの否定に関して、生理的親子関係もなく、また、養子縁組もしていなかったということを、一つの理由としてあげているのと同じように、面接交渉権を親の権利としてとらえた上で、面接交渉についても生理的親子関係も法律上の親子関係もないことを理由に否定しているように見受けられる。特にこのケースの場合、Xは、子の奪い合いの事件にしばしば見られるような離婚した相手方配偶者への報復心からではなく、真にBへの愛情からBとの面接交渉を求めているようであるし、また、Bは生後間も無い頃からXより監護の提供を受けていた。したがって、XB間には、アメリカで見られたような *in loco parentis* の関係がみられたとして、面接交渉は認められたであろうし、また、B・Cの福祉の観点からも面接交渉は認められたのではなかろうか。

2．子の権利としての面接交渉権

　上記の事例で、面接交渉権の法的性質を親の権利としてとらえたことを理由の一つとして、継親に継子との面接交渉を認めなかったのではなかろうかと述べた。では、面接交渉権の法的性質をどのように捉えれば、子と親密な関係にあった者と子との間に面接交渉が認められるかについて、以下で検討してみたい。

面接交渉権の法的性質については、以下のように類型化される。まず、その権利性自体を消極的にとらえる消極説と、権利性を積極的に認めようとする積極説にわかれる。

A．面接交渉権の法的性質
（1）消極説
　この説は、面接交渉は一般的に子の利益となる場合は少なく、むしろ子の利益を害する場合が多いものであるとして、そういった面接交渉は、あくまでも父母の自発的合意をまって行うべきであるとするものである[84]。
　この説にたつ梶村判事は、子の監護に関する事項について権利化するためには、当事者の協議か協議に代わる裁判所の審判がなければならず、そういった協議や審判によって権利の内容が定まらないうちは、実体法上の権利ではないし[85]、また、面接交渉は強制執行になじまないものであるとして[86]、面接交渉には、法的性質を認めがたいとされる。

（2）積極説
積極説では以下のように7つに分けられる。

① 自然権説[87]
　この説は、面接交渉権を「親と子の面接の問題は監護の外に出る部分があり、親であるがゆえに持つ権利、明文の規定はなくても、親子という身分関係から、当然に認められる自然権的な権利であ」るとし[88]、「監護する機会を与えられない親としての最低限の要求であり、親の愛情、親子の関係を事実上保障する最後のきずな」[89]であると解する説である。面接交渉権を自然権ととらえる説に対しては、父母が婚姻中で子について共同親権を有している場合にも、父母は親権とは別に子との面接交渉権を有し、これによると親権は面接交渉権を包含しないものであると考えられ、その結果、親権喪失宣告を受けた親が、自然権としての面接交渉権を有してしまうという批判がある[90]。また、面接交渉権を自然権と解すると、面接交渉を審判事項とすることは無理な印象を受けるとの批判も見られる[91]。

② 監護関連説[*92]

　この説は、面接交渉権を監護そのものではないが監護に関連する権利であると解する説であり、「民法が離婚後監護教育の職務を一方の親に固定する[*93]ことを是認しつつ、なおいわばこれを補完するものとして面接交渉権をとらえ、監護者の監護教育の職務と調和する方法と形式において行使されるべき権利であるとみる」。この説によると、面接交渉権は民法766条の適用によ[*94]り、父母の協議または審判・調停で具体的な権利の形成が可能となる。[*95]

③ 自然権・監護関連権説[*96]

　この説は、面接交渉権を親として有する固有の自然権であるとともに、監護に関連する権利であると解する説である。この説にたつ久貴教授は、面接[*97]交渉権を自然権としてとらえつつも監護に関連する権利であると解し、民法766条ならびに家事審判法9条1項乙類4号を適用して面接交渉の問題を解決していくことは、子に対する扶養義務について、離婚後親権者もしくは監護者でなくなった親といえども、親子関係の本質から導かれる子を扶養する義務は免れないものであり、これについての具体的実現は「監護に関する処分」（あるいは「扶養に関する処分」）として、民法766条を適用していることとかわらないと述べておられる。[*98]

④ 面接交渉権を親権の一権能と解する説[*99]

　この説は、離婚に際して親権者とされなかった親は、婚姻中有していた親権の行使を停止させられただけで、親権の帰属が失われたのではないと考え、そして、これにより、その親はなお潜在的な親権を有しており、親権の一権能である監護権の一部を必要に応じて行使できるとし、面接交渉をこの監護権の一部行使として解する説である。[*100]

⑤ 基本権説[*101]

　この説は、親は憲法上保護された子を育てる権利を有し、面接交渉権もこれと結び付けられ、面接交渉権を全面的に否定することは憲法違反であると解する説である。ここでは、「本来子どもの監護も、親と子のふだんの接触

を通じてその間に強いきずなが作られてこそ適正に行われるものであり、憲法的な保護を受ける親の子どもを育てる権利の中には、当然にこの親としての、子との愛情に満ちた交流を楽しむという子育ての喜びが不可欠のものとして入っていなければならない。その意味で、非監護親が離婚後もひき続き子どもと接触し、子どもとの心のつながりを保とうとするのは、この広義の子どもの監護＝子育ての一部を行っているにすぎないのであって、なにか離婚によって『面接交渉』という新しい権利が突如つくられたと考えるべきではない[*102]」と説明される。

⑥ 面接交渉権は、親の権利ではなく、子の権利であると解する説[*103]
　この説は、面接交渉権の法的性質を親子という身分関係から生ずる自然権的な権利と解した上で、面接交渉権は子が客体ではなく、子が権利の主体であると解する説である。[*104]

⑦ 面接交渉権は、親の権利であると同時に子の権利でもあると解する説[*105]
　この説の根拠として、石川教授は、「非監護親と子との関係も、親の家庭教育を行なう権利義務（主として<u>しつけ</u>）と子の家庭教育を受ける権利義務との相互作用の一環として捉えられ、この相互作用のなかで面接交渉権も位置付けられる必要がある。親のもつ子に家庭教育を行なう権利義務は現行法体系においては監護権の一部として措定されているものであり、また子も親から愛情をもって<u>しつけ</u>（dicipline and guidance）を受ける権利を有することは親権の義務性の反面として承認されてきているところである。この子の有するしつけを受ける権利は原則として非監護親に対しても行使しうると考えられねばならない。これがすなわち子の有する面接交渉権である[*106]」と述べられる。

B．検討
　面接交渉の権利性を消極的にとらえる理由の一つとして、面接交渉が子にとって利益にならないことを消極論者があげていることに対して、積極論者からは、「親の対立や葛藤に子どもが巻き込まれて弊害が大きく、直接の面

接交渉が明らかに子の利益にならないような場合には、面接交渉が一時的に制限されたり、当分見合わせればよく、一切、権利性を否定する必要はな」いという見解が示されている。また、積極論者は、家族法上の権利には夫婦同居義務や婚約をした当事者の婚姻締結義務などのように、法的強制になじまないものも多いとして、消極論者が面接交渉は強制執行になじまないことをその権利性を消極的にとらえる理由としてあげていることに対して、異議を唱えている。

　さらに、消極論者が言うように協議や審判で確定するまで権利性を認めないとなれば、協議または審判の前提となる実体というものがなくなってしまうという見解も積極論者からは示されている。このようなことを考慮すると、面接交渉にはその権利性が認められるべきであろう。では、面接交渉権の法的性質を認めるとして、その法的性質に関する7つの説を大別すると、①から⑤までの説が、面接交渉権を親の権利からとらえているのに対し、⑥説では、それを子の権利であると解しており、⑦説では、面接交渉権をこれら双方を融合させた親および子の権利であるとしている。

　私見としては、親権がその権利性よりも義務性のほうが強いと近年考えられていることから、面接交渉と親の関係は、権利というより義務であり、面接交渉権は子の権利であると解した方がよいと考える。この点について、③説をとられる久貴教授は、「親権が同時に親『義務』であることを考えるならば、面接交渉権についても『権』にのみこだわることはないであろう」とされ、「面接交渉権は、親たる者に与えられた固有の権利であると同時に、子の成育を見守るべき親としての義務の具現である。この権利のもつ役割は、単に親の子に逢いたいという気持を満足させるというようなものではなく、それは、監護者の手元で養育されている子の実情を見、その福祉を増進させるべく作用すべきものである」とされる。また、④説をとられる川田教授は、「子の権利としたところで、その要否につき最も問題となる幼児期に、子からの申立てはありえず、家庭裁判所は、主たる申立人である父か母の義務の主張に当否の判断を下すのですから、その申立を権利というか義務というかは言葉の問題にすぎず、それはただ、父母の心構えの問題として機能するにすぎないといえそうです」とされる。しかし、面接交渉権を子の権利と

考えられる稲子教授は、「学会のレベルではすでに『子のための親権』という見方が通説となっているにもかかわらず、一般の国民の間では、まだ『親のための』親権という見方がつよいので『面接交渉権は親権の一権能である』という見解をひろげていくことは、結局、『面接交渉とは、離婚後、子に会うことを親の権利として認めることだ。親が自分の子に会うのを誰に遠慮する必要があるものか』という、あやまった理解を国民の間にひろげていく可能性につながる」と指摘される。

これについて、川田教授は、親権を親の権力とみる古い考え方が根強く残る現実から、面接交渉権だけを子の権利として構成することには理由がない、という批判をされている。アメリカでは、親の子に対する所有権的意識を払拭するために、子の監護は親の権利というより責任であると解されるようになってきており、子のための親子法の浸透のために法改正を重ねていることと比較してみれば、我が国では、親権は子のためのものであるとの認識はまだ国民の意識に浸透していないと考えられるので、私見としては、稲子教授の意見に賛成するものである。また、稲子教授は、「子は監護者と定められなかった方の親にたいしても、扶養をうける権利だけでなく、親子としての交流をもつ権利をもっているはずである。なぜなら、親との交流をとおして精神的に成長・発達することは、（親から扶養をうける権利と同様に）子が生まれながらにしてもっている権利であり、この権利を実現することは、必ずしも親と日常生活をともにしていなくても、決して不可能なことではないからである。この、日常生活をともにしていなくても可能であるような親との交流をもとめる子どもの権利こそが面接交渉の本質」であるとされ、扶養を受ける権利と同様に面接交渉権も子の権利であるとされる。

上記で紹介したものは、いずれも面接交渉を親子間の問題としてとらえた説である。しかし、面接交渉は、親子間の問題にとどまるものであろうか。アメリカでの継親子間の訪問を概観した上で、私は、面接交渉は法律上の親子間のみに問題となるものではないと考えている。アメリカでは、*in loco parentis* の原則に従い親の定義を拡大して解釈することによって継親に訪問権を与えていた。これは、訪問権を親の権利として解していたからであるが、他方では、訪問権を親の権利と理解するだけでは子の最善の利益に適

34

う訪問が認められないので、子の最善の利益の観点から子の権利として訪問権を再構築することにより、父母以外の者に訪問権が与えられている。そして、我が国でも、父母以外の継親や祖父母との面接交渉が問題となった事例[*116]が存在する。よって、私は、面接交渉権を子の権利としてとらえておられる稲子教授の考えをさらに一歩すすめ、親だけではなく、継親や祖父母、監護提供者との交流が子の福祉に適うのであれば、子はそういった者と面接できると理解したい。面接交渉権を父母と子についての問題であると解してしまうと、父母以外の者と面接することが子の福祉に適う場合でも、そのような面接交渉が認められなくなってしまう。子は子の利益に適う限り、父母以外の者とも面接する権利を有するととらえると、父母以外の者との面接交渉は可能となる。その際の子の面接交渉の相手とは、継親であったり、祖父母であったり、兄弟姉妹であったりするであろう。監護親には、子がそういった者と面接する権利を有する限り、子とその者を会わせる義務があるのではなかろうか。①説から⑤説のなかでも、結局のところ面接交渉を認めるか否かを決定する基準として、子の福祉を掲げるのであるが、親子間での面接交渉に関する問題について、子の福祉を市民レベルでより増進させていくためにも、また、父母以外との面接交渉が子の利益に適うようになっていく状況に対応していくためにも、子を中心としてとらえる⑥説が適切であると考える。

　面接交渉権を子の権利としてとらえる説に対しては、「子の権利であるということは、権利行使の主体は子であるということであろうが、子の年齢が15歳未満であればその代理関係が、15歳以上であれば子の権利実現手続がそれぞれ法定されていなければならないが、法はそのような手当てをしていない。子はどうしても事件本人の地位以上ではありえず、民法766条1項、2項や家事審判法9条1項乙類4号の子の監護に関する処分の審判事件の当事者（申立人）ではありえない[*117]」という批判や、「面接交渉を反対している親権者が子どもを代理して子どもの権利を確保するために申立てを行うことを期待することには困難な面がある[*118]」などの批判がみられる。面接交渉を子の権利ととらえることと、面接交渉についての申立権者を子にするということは、異なるのである。私見としては、必ずしも、申立権者を子と解して、親権者

が代理するとは考えていない。面接交渉について判断される際に用いられる民法766条においては、申立権者について明記されていない。よって、子の福祉を観点に面接交渉を認めることが子の福祉に適うというような場合には、コネチカット州では訪問を求めることができる者を「いかなる者（any person）」として、子の最善の利益に適う訪問を広く認めているように、この民法766条2項においても、誰でも面接交渉を認めるよう申し立てることができると解する。たとえば、離婚後監護権を有しなくなった父母の一方だけではなく、子の継親や祖父母といった子の養育に携わってきた者は、自分と子の面接が子の福祉に適うと考えるのであれば、自分と子との面接を認めるよう申し立てることができると考える。未成年子に訴訟能力がないからといって、面接交渉権を子の権利と解することはできないとしてしまうことには、抵抗を感じる。子は、監護提供者のように自分と親密な関係を有してきた者と、そうした関係を継続する権利を有するのである。また、その権利を保障するために面接交渉が存在すること、および子の福祉・利益が面接交渉の最上の判断基準として機能する以上、面接交渉権は子の権利として解しうる。そして、子は訴訟能力を有さないので、子の権利としての面接交渉の実施のために、反射的に、訴訟能力のある、子と親密な関係にあった者が面接交渉に関する申立権を有するのである。その方法としては、子との面接交渉を求める者が、家庭裁判所による父母の離婚などの際の子の監護に関する審判手続に、面接交渉を求めるために参加できるし、また、みずからも子との面接交渉を求めるよう家庭裁判所に申し立てることもできると考える。その場合、子のために面接交渉を申し立てた者が、当該子の福祉にその面接交渉が適うことを積極的に主張し、家庭裁判所がその後見的機能により、これを判断していけばよいと考える。家庭裁判所による審判で、そういった父母以外の者による面接交渉が扱いうるかという問題に関しては、たとえば、父母の離婚において、その一方が継親で継子と法律上親子関係にない者であれば、審判の中心は子であるとして家庭裁判所の審判で扱えるであろうし、また、継親以外であっても、たとえば、父母が共働きで留守がちであるために、祖父母が監護補助者として子の養育に積極的に携わっていたような場合には、やはり審判の中心は子であるとして、そういった祖父母は、子の父母

の離婚の審判に参加できると解する。^{*119}さらに、継親や祖父母といったような、子について積極的に監護を提供してきた者は、子の監護に関する処分については子が中心であるとして、やはり当事者としてみずからも申し立てることができるのではなかろうか。また、親権者は子を代理して、子が親密な関係を有してきた者に対して子と面接するよう申し立てることも可能であろう。

　たとえば、昭和49年の事件では、幼いBC間に監護提供というものはなかったかもしれないが、兄弟であるBとCの面接交渉は子の利益に適うとして、XはCを代理してBC間の面接交渉を求めることができたと考える。

　アメリカでは明文規定で監護それ自体を親の義務と解したり、子の最善の利益や子の福祉を掲げた上で、父母や継親や祖父母・兄弟姉妹等に面接交渉を認めているのに対して、我が国の民法ではそのような形態を予定していない以上、子の成長に貢献するような面接交渉を幅広く認めていくには、面接交渉権を子の権利と解すれば、最も子の福祉に適う面接交渉を実施していくことができるのではなかろうか。そして、面接交渉の判断の際には、民法766条2項の「子の利益のために必要があると認められるときは、家庭裁判所は、子の監護をすべき者を変更し、その他監護について相当な処分を命ずることができる」という文言により、子の利益のためには必要であると認識される面接交渉は、親子間に限らず広く認められていくべきであると解する。確かに、民法766条2項は、766条1項を受けて、離婚後の子の監護に関する事項を定めることを予定している規定であるが、子が、父母以外の者により長期間監護の提供を受けていたような場合において、そういった監護提供者と子の関係を断ち切ってしまうことは、父母の離婚時に監護者とならなかった一方との関係を断ち切られてしまうのと同様の状況にあると言える。したがって、父母以外の者と子との面接交渉も、民法766条2項を類推適用することにより、監護について相当な処分の一つとして認められうる。^{*120}そういった父母以外の者とは、たとえば、子の継親であったり、子の祖父母であったりするであろう。アメリカでは、以前は、訪問権を親の権利と定義していたが、変容する家族関係および子の最善の利益の要求により、訪問権はもはや親だけの権利であると認識されてはいない。我が国では、面接交渉の判断の

際に、今まで以上に子の利益・福祉を最上の基準として確立していくために、面接交渉権を子の権利と解したほうが、今後も多様化していく家族構成や子の福祉に対応できると思われる。

平成6年7月に法務省民事局参事官室が発表した「婚姻制度等に関する民法改正要綱試案および試案の説明」によると、民法に面接交渉についての規定を設けるかどうかにつき中間報告において、大多数は賛成していたのであるが、少数意見として次のような点が指摘されていた。第一点として、面接交渉権の権利性の認識が①親の権利であるのか、②子の権利であるのか、③親の権利でもあり子の権利でもあるのかが、現時点では不明瞭であるため、面接交渉を法律が一律に決定するのは時期尚早であるということ。[121] 第二点として、面接交渉が子の福祉のためにあるという認識が一般化されていない現状では、これを明文化すると、かえって紛争が激化し、家庭裁判所の調停を混乱させてしまうこと。[122]

賛成者の意見の中でも、面接交渉権の法的性質は上述の3形態にわかれてはいた。しかし、面接交渉を子の権利と観念するかどうかは別として、「①親権者とならなかった親と子の面接交渉は、親権者である親の意思に左右される実態があるので、子の側からの面接交渉を認める必要がある、②子が面接交渉を希望するときは、親は面接をしなければならないことを明文で定めるべきである、③面接交渉権を明文化することによって、子の福祉の観点からする家庭裁判所の介入を強化すべきである、……（中略）……④面接交渉の必要性を国民に対して啓蒙する意味がある、⑤現実に面接交渉を求める者が多く、制度化する必要が高い」[123] といった理由から、面接交渉を明文化すべきであるという積極的主張がなされていたのである。

結局、この民法改正要綱試案では、面接交渉について、次のような規定案が示されている。

一　協議上の離婚
1　協議離婚後の親子の面接交渉（766関係）
(一) 父母が協議上の離婚をするときは、その協議により、子の監護に必要な事項の一として、父母の一方で離婚後子の監護をすべき

　　義務を負わない者と子との面接交渉について定めることができる
　　ものとする。
（二）（一）による定めをする場合においては、子の利益を最も優先し
　　て考慮しなければならないものとする。
（三）（一）の事項について、当事者間に協議が調わないとき、又は協
　　議をすることができないときは、家庭裁判所がこれを定めるもの
　　とする。
（四）子の利益のために必要があると認めるときは、家庭裁判所は、
　　（一）又は（三）の定めの変更について相当な処分を命ずることが
　　できるものとする。[124]

　そして、この規定案は、次のように理解されている。「『父母の一方で離
婚後監護をすべき義務を負わない者』とは、①離婚後親権者とならない者
(819条1項参照)、又は②子の監護をすべき者を定めた場合（766条1項）にお
ける親権者を指す。これらの者は、離婚後は直接監護する地位にないが親の
自然的な権利として子と面接することができると考えられるし、子の養育・
健全な成長の面からも、一般的には、親との接触を継続することが望ましい
……（中略）……この自然的な権利自体は抽象的な権利であ」[125]る。また、規
定案の（二）において、面接交渉について父母が協議する際の考慮事由とし
て子の利益を掲げていることは、面接交渉を子の権利の側から規定すべきで
あるという意見に応えるものであるとしながら、「面接交渉を子の権利とし
て明文をもって規定することは、将来的には考えられるところであろうが、
当面は、子の福祉の理念を明記することにより、父母の協議において、子の
利益に適う合理的な判断を導き出すという効果を期待することとした」[126]と説
明している。
　また、この後の、平成8年2月の法務省民事局参事官室による「民法の一部
を改正する法律案要綱」[127]においては、面接交渉について次のような規定案が
示されている。

第六　協議上の離婚

一　子の監護に必要な事項の定め

（一）父母が協議上の離婚をするときは、子の監護をすべき者、父又は母と子との面会及び交流、子の監護に要する費用の分担その他の監護について必要な事項は、その協議でこれを定めるものとする。この場合においては、子の利益を最も優先して考慮しなければならないものとする。

（二）（一）の協議が調わないとき、又は協議をすることができないときは、家庭裁判所が、（一）の事項を定めるものとする。

（三）家庭裁判所は、必要があると認めるときは、（一）又は（二）による定めを変更し、その他の監護について相当な処分を命ずることができるものとする。

（四）（一）から（三）までは、監護の範囲外では、父母の権利義務に変更を生ずることがないものとする。

　このように、面接交渉にあたる「面会及び交流」については、「父又は母」についてのみ述べられているだけである。上述の「婚姻制度等に関する民法改正要綱試案及び試案の説明」において、面接交渉が親の恣意的な感情によって左右される可能性があることや、国民に対して面接交渉それ自体が子の利益の必要性から説かれるものであるということを熟知させる必要性がある、といったことは認識されていた。しかし、最終的には、子の権利として面接交渉が規定されていないことから、やはり、親の権利として面接交渉をとらえていこうとしている姿勢がうかがえる。

　上述のように、私見によれば、面接交渉権を子の権利ととらえることにより、子と父母以外の者との面接交渉は、現行766条の規定により実現できることになる。では、平成8年に示された規定案では、子と父母以外の者の面接交渉は実現できるであろうか。この規定案の（三）では、「家庭裁判所は、必要があると認めるときは、（一）又は、（二）による定めを変更し、その他監護について相当な処分を命ずることができるものとする」とされている。ここでも、面接交渉権を子の権利ととらえることで、「その他監護について

相当な処分」の一つとして、父母以外の者も子との面接交渉を認められうるであろう。

Ⅳ　おわりに

　子が親密な関係を有してきた者との接触を維持するために、面接交渉権を子の権利として理解したほうが合理的ではないかと私は述べた。それは、アメリカの現状を概観したところ、親の権利として考えられていた訪問権が、子の最善の利益の観点から訪問権を子の権利としてとらえる方向性をとることにより、父母以外の者にも子との訪問が認められることになってきたことから、今後、我が国でも、父母以外の者と子との面接交渉が問題になることは十二分に考えられるのに、面接交渉を親子間のみの問題と定義してしまうことは、面接交渉の定義を狭くしてしまうものであるとの懸念を抱いたからである。

　平成6年7月に発表された法務省民事局参事官室による「婚姻制度等に関する民法改正要綱試案及び試案の説明」および平成8年2月の法務省民事局参事官室による「民法の一部を改正する法律案要綱」において、子の権利として面接交渉をとらえる可能性を認識しているにもかかわらず、子の権利として面接交渉を規定せずに監護者とならなかった父母に面接交渉を認めるという規定案が公表されている。確かに、父母の離婚後も父母双方が子との関係を維持するために、父母間の面接交渉は、我が国でも積極的に認められていくべきである。しかし、少子化・両親の共働きが進み、祖父母をはじめとする子の親族が子に監護を提供したり、離婚率・再婚率の上昇により、継親が継子に監護を提供しているケースがあることを考慮すると、こういった者と子の関係を維持していく必要性もある。

　子との面接に関する規定として次のものがある。平成12年5月24日に公布された「児童虐待の防止に関する法律」の12条では、児童虐待を行った保護者は、児童相談所の所長または施設長によって、施設に入所している児童との面会または通信を制限されると規定されている。このことも、面会を親の権利としてとらえていない立場からみると、子の福祉に合致しない場合、面

会は当然に制限できると考えられるからではなかろうか。また、面会を親権や監護に由来する親の権利としてとらえてしまうと親権を剥奪された親の場合、親と子との再統合が必要とされる際に、親権を剥奪されてしまっている以上、このような親と子の面接は、不可能となってしまうのであろうかという疑問が提示されることになる[*128]。このような、子の側から親との面会が必要と見られる場合には、子の権利として、施設入所の子と親権を剥奪された親との面会は認められてもかまわないと思う。民法766条における監護に関する処分として認められる面接交渉ももちろんのこと、その他に想定される子との面会・交流は、子の権利として理解したほうが、さまざまな状況に対応できるのではなかろうか。

注

*1 　石田敏明「面接交渉と憲法一三条」ジュリ別冊132号138頁（家族法判例百選第5版, 1995）。

*2 　外国法や実務などにおける祖父母と孫との面接交渉を紹介するものとして、円より子「親権者にならなかった親の面接交渉権」自由と正義38巻9号14頁（1987）、大村敦志『家族法』256頁（有斐閣, 第2版, 2002）。兄弟姉妹間の面接交渉を紹介するものとして、相原尚夫「面接交渉の実務覚書」ケース研究114号52頁（1969）。祖父母・兄弟姉妹など父母以外の者による面接交渉を紹介するものとして、田中通裕「面接交渉権の法的性質」判タ747号323頁（19991）。

*3 　棚村政行「離婚後の子の監護」石川稔ほか『家族法改正への課題』247頁（日本加除出版, 1993）。

*4 　Bryce Levine, *Divorce And The Modern Family: Providing In loco parentis Stepparents Standing to sue for Custody of Their Stepchildren in a Dissolution Proceeding*, 25 HOFSTRA L. REV. 323 (1996).

*5 　Michael J. Lewinski, *Visitation Beyond the Traditional Limitations*, 60 IND. L. J. at 192-193 (1984).

*6 　Wendi Swinson Slechter, *The Visitation of Rights Former Stepparents or the Visitation Rights of Former Stepchildren: Which Is It Really?*, 32 J. FAM. L. 902 (1993–1994).

*7 　アメリカの継親子間の現状を紹介するものとして、早野俊明「アメリカにおける継親子関係をめぐる法状況」アルテスリベラレス　岩手大学人文社会科学部紀要57号135頁以下（1995）がある。

*8 　See, Jennifer Klein Mangnall, *Stepparent Custody Rights After Divorce*, 26 SW. U.

　　　L. Rev. 400（1997）.

　*9　以下での事例の紹介にあたり、訪問の申立時に、実親と継親との間にすでに離
　　　婚が成立していたような場合には、継親子間の姻族関係は終了しているので、以
　　　前に継親子関係があったとして、厳密には「以前に継親であった者」と「以前に
　　　継子であった者」の間の訪問を巡る事例もあるが、ここでは、そういった者も
　　　「継親」と「継子」として、表記を統一した。

　*10　John DeWitt Gregory, *Blood Ties: A Rationale for Child Visitation by Legal Strang-
　　　ers*, 55 Wash. L & Lee. L. Rev. 364（1998）.

　*11　378 A.2d 879.

　*12　*Id.* at 881.

　*13　*Id.* at 881-882.

　*14　*Id.* at 882.

　*15　*Id.*

　*16　*Id.* at 883.

　*17　583 P.2d 64.

　*18　*Id. at* 66.

　*19　*Id.* at 68.

　*20　*Id.*

　*21　*Id.* at 67.

　*22　*Id.* at 68.

　*23　645 P.2d 1267.

　*24　See, *id.* at 1270.

　*25　*Id.*

　*26　*Id.*

　*27　*Id.*

　*28　477 N.W.2d 8.

　*29　*Id.* at 11.

　*30　*Id.* at 17.

　*31　*Id.*

　*32　*Id.*

　*33　See, *Wendi Swinson Slechter, supra* note 3, at 907.

　*34　Bryce Levine, supra note 4, at 324.

　*35　*Id.*

　*36　*Drawbaugh v. Drawbaugh*, 647 A.2d 240（ペンシルベニア州　1994年）では、実
　　　母が、自分の子を訪問している離婚した前夫（継父）に、子についての扶養料を
　　　支払うよう求めた事例で、第一審裁判所は、継父に対して扶養料を支払うよう
　　　判決したところ、継父がこれを不服として上訴した。ペンシルベニア州の中間
　　　上訴裁判所は、継父は *in loco parentis* の地位にあるとしながらも、前述、*Spells v.*

Spells の事件で、*in loco parentis* の地位にある継父に対して、扶養料の責任を課すことなく訪問権を与えていることをあげて、継父に扶養料を支払うよう命じた第一審裁判所の判決を破棄した。

　また、*Weinand v. Weinand*, 616 N.W. 2d 1（ネブラスカ州　2000年）の事件では、継父に訪問権を与える際に、扶養の義務をも課す *in loco parentis* の原則を利用することを否定している。事件の概要は次の通りである。婚姻中に生まれた子は、実母と婚姻関係にある男性と生物学上の親子関係が存在しなかった。つまり、妻は、子の継父である夫と生活をともにしていたのである。実母からその継父にあたる夫に離婚を求める訴えがなされた。そこでは、子の監護権を自分に与えることと子の扶養料を夫が支払うことが要求されていた。第一審裁判所は、その継父である夫に子との訪問を認めた一方で、継父に子への扶養料の支払いを課した。扶養料を課されたことを不服とした夫（継夫）が上訴し、妻のほうも扶養料が不十分であるとして上訴していた。妻が、夫（継夫）は自分の子にとって *in loco parentis* の地位にあり、それによって、彼は子を訪問する権利を有するのだから、彼には子を扶養する義務もあるのだと主張するのに対し、夫（継夫）は自分に訪問権を与える結果として、自分に扶養義務を課した第一審裁判所の判断は間違っていると主張した。ネブラスカ州の最高裁判所は、本件において、継父が継子との訪問権を与えられることに関しては当然であるとする一方で、現在では、子の実父が妻と子とともに生活し、子の扶養を担い、親としての責任を果たしているので、継父はもはや *in loco parentis* の地位にはないとして、継父に対する継子についての扶養料の支払いを否定している。つまり、*in loco parentis* とは、法律上の親に代わる地位であり、実父が子についての責任を果たしている以上、継父はその代わりを果たすことはないのである。また、ネブラスカ州の最高裁判所は、親と同一の権利義務を認める *in loco parentis* の概念が、継父に訪問を認めるだけではなく、むしろ扶養義務を果たさせるために利用されることに懸念を示しており、子の最善の利益に基づいて、訪問予定を立てるよう付言している。

*37　本文紹介判例のほかに、自分の子であると思っていた子が、父子関係確認のテストにより、自分の子ではなかったとわかった離婚親（継父）は、子にとって *in loco parentis* にあたり、またその者に訪問権が与えられることが子の最善の利益に適うものであるとする事例として、*Golden v. Golden*, 942 S.W. 2d 282（アーカンソー州　1997年）がある。

*38　581 P.2d 487.

*39　*Id.* at 488.

*40　*Id.* at 489.

*41　388 S.E. 2d 322.

*42　See, *id.* at 324-325.

*43　*Id.* at 325.

*44　*Id.* at 325.

*45　*Id.*

*46　*Id.* at 323.

*47　634 N.E. 2d 540.

*48　See, *id.* at 542.

*49　*Id.* at 543.

*50　65 4N.E 2d 4.

*51　*Id.* at 7.

*52　*Id.*

*53　*Id.*

*54　John C.Mayoue, *Stepparents Obligations, Custody and Visitation*, Competing Interests in Family Law, 134（American Bar Association 1998）.

*55　See, Michael J.Lewinski, *supra* note 5, at 219.

*56　Cal.Fam.Code § 3101（West 1998）.

*57　Conn.Gen.Stat.§ 46b-59（West 1995）.

*58　*Perry v. Superior Court*, 166 Cal Rptr.583.

*59　See, *id.* at 584.この判決に参加したHoffer裁判官は、第一審裁判所が、継父が継子と親密な関係を有しており、継父に継子との訪問権を与えることは継子の最善の利益に適うと判断したことに理解を示し、訪問権が与えられるためには、継父は *in loco parentis* を主張するべきであったという意見を述べている（*id.* at 586）。

*60　*Id.* at 586.

*61　See, Richard S.Victor（et.al.）, *Statutory Review of Third-Party Rights Regarding Custody, Visitation, and Support*, 25 Fam.L. Q.23（1991）.

*62　N.H. Rev.Stat.Ann. § 458：17（VI）（Butterworth, 1995）.

*63　Ohio Rev.Code Ann. § 3109.05.1（B）（1）（Anderson, 1996）.

*64　Tenn.Code Ann § 36-6-303（Michie, 1996）.

*65　Wis.Stat. § 767.245（West Supp, 1999）.

*66　John C.Mayoue, *supra* note 54, at 134.

*67　§ 25.24.150（a）（Lexisis Law Pu, 1998）.

*68　§ 109.119（STATE OF OREGON Legislative Counsel Committee, 1999）.

*69　§ 26.09240（West, 1997）.

*70　John C.Mayoue, *supra* note 54, at 134.

*71　祖父母については、祖父母自体に訪問権を与えるという規定か、または父母以外の者で子の最善の利益に適う者に訪問権を与えるという規定によって、制定法上、すべての州が、祖父母と子についての訪問を認めている、See, Sara Elizabeth Culley, *Troxel v. Granville and its Effect of Grandparent Visitation Statutes*, 27 J.LEGIS.at 238-239（2001）.

*72　アーカンソー州Ark.Code Ann.§ 9-13-102（Michie, 1998）、イリノイ州750 Ⅲ.

CompStat.5／607（West Supp.2000）、ニュージャージー州N.J. Stat Ann. §9：
2-7.1（West Supp., 2000）。

*73　See, Michael J.Lewinski, *supra* note 5, at 218.

*74　See, Michael J.Lewinski, *supra* note 5, at 218-219.

*75　州によっては、祖父母の孫に対する訪問権は、祖父母の子（孫にとっての
親）が孫に対して有する訪問権に由来するものと理解されている（See, John
C.Mayoue, *supra* note 54, at 147）。

*76　鈴木隆史「祖父母の訪問権」早稲田法学会誌35巻116頁（1985）。

*77　制定法によらずに、子の最善の利益を理由に実母とレズビアンの関係にあった
女性に訪問権を与えた事例として、以下のものがある。*V. C. v. M. J. B*, 725A.2d 13
（ニュージャージー州 1999年）では、人工授精によって出生した双子の実母とレ
ズビアンの関係にあった女性が、子どもたちの出生から二人が別居するまでの約
2年間、子どもたちの世話をするなどして、子どもたちとの間に、親子関係に似
た関係を確立してきたとし、この女性との訪問が子どもたちの最善の利益に適う
として、その女性に訪問権が与えられている。

*78　*Youmans v. Ramos*, 711 N.E.2d 165（マサチューセッツ州 1999年）の事件では、
子の実父母は、婚姻はしていなかった。1986年に双子の女子が出生後、数ヵ月の
間、実父母はともに生活をしていたが、その後父は生活をともにしなくなった。
双子のうちの一人が1988年に亡くなり、その3年後に実母も亡くなった。残され
た子は、母方のおばの世話をうけていた。その間、実父は経済的援助を行ってい
た。1991年に実母が亡くなった後、実父は子の監護権を得ようと申し立てたが認
められなかった。そして、1997年に、実父が、子についての監護権を自分に与え
ることおよびおばの後見を終了させることを求めた一方で、これに反対するおば
は、子についての後見の継続を求めた（おばの方からは、実父に監護権が与えら
れた場合に、子との訪問を求めるということは申し立てられていなかった）。裁
判所は、親としての適性を認めて実父に子の監護権を与え、おばは、子にとって
「*de facto parent*」にあたり、おばの訪問は子の最善の利益に適うとして、おばに
訪問権を与えた。
　「*de facto parent*」とは、*in loco parentis*の概念に匹敵するものであり、子とと
もに生活をし、子について主な世話を担ってきた者のことをさす（Lorri Ann
Romesberg, *Common Law Adoption: An Argument for Statutory Recognition of Non-
Parent Caregiver Visitation*, 33 Suffolk U. L. Rev.175-176（1999））。
　実母とレズビアンの関係にあった女性が子にとって「*de facto parent*」にあ
たり、その女性との訪問が子の最善の利益に適うとされた事件として、*E. N. O
v. L. M. M*, 711 N.E.2d 886（マサチューセッツ州 1999年）がある。

*79　*Troxel v. Granville*, 120 S.Ct.2504（2000年）の事件では、少女2人の実父母は婚
姻していなかった。1991年に実父母が別居後、子どもたちは祖父母とともに暮ら
す父を週末ごとに訪ねていた。1993年5月に父が自殺したが、その後も子どもた

ちは祖父母宅を訪問していた。実母は祖父母と子どもたちの間の訪問自体には反対をしていなかったが、同年10月に、訪問の回数を月に一度というように制限しようとしたところ、祖父母がこれを受け入れなかった（1994年4月に暫定的な訪問が認められるまで、祖父母は孫娘たちに会っていなかった）。そして、1993年12月に祖父母は、ワシントン州法§26.10.160（3）の「いかなる者も、監護訴訟を含むしかしそれに限られない訴訟につきいつでも、裁判所に訪問権を申し立てることができる。裁判所は、環境の変化が生じたか否かにかかわらず、訪問が子の最善の利益に適うものであれば、訪問をその者に認めることができる。」という規定に基づき、孫娘2人に対する訪問の回数の増加（月に2回、2週間ごとの宿泊を伴う訪問と夏休みの2週間の訪問）を認めるよう申し立てた。この時点で、孫娘は5歳と3歳であった。これについて、第一審裁判所は、月に一度の週末の訪問と夏休みに1週間の訪問、祖父母の誕生日に4時間の訪問を認めた。これを不服とする実母が上訴した。中間上訴裁判所は、事実認定を行った上で、それに法を適用することにより、どういった結果が得られるのかを述べるよう付言し、この事件を第一審裁判所に差し戻した。第一審裁判所は、祖父母との訪問は、子どもたちの最善の利益に適うと結論付け、実母の申立てを認めなかった。そして、これを不服とする実母が再び上訴した。この間に実母は再婚し、孫娘たちは継父と養子縁組をしていた。中間上訴裁判所は、親でない者は、監護訴訟が提起されていないときには、訪問を求めることはできない、この親でない者による訪問の訴えについての制限は、子の世話や監護ならびに管理につき、親の有する基本的自由に関する諸利益に対して、憲法が州の介入を制限していることと一致するところであるとして、祖父母による訪問の申立てを認めなかった。これを祖父母が不服として、ワシントン州の最高裁判所へ問題は持ち込まれた。ワシントン州最高裁判所は、州法§26.10.160（3）自体が訪問を認める際の裁判所の権限を、拡大しすぎており、これは、憲法で保護されている親の養育についての基本権を侵害しているとした。そして、この問題は連邦最高裁判所の判断をあおぐこととなった。連邦最高裁判所は、ワシントン州の最高裁判所の判断を認容したが、ワシントン州の裁判所が介入したことが問題なのではなく、この事件に関するワシントン州法§26.10.160（3）の適用方法が問題であるとして、子との訪問を幅広く認める州法が憲法違反であるとまでは述べていない。

　この事件を紹介するものとして、山口亮子「子どもに対する親の養育決定権と祖父母の訪問権」ジュリ1184号149頁（2000）がある。

*80　前掲*79の*Troxel v. Granville*の事件では、実母が適性を欠く親であるとの祖父母からの主張も、裁判所によるそのような認定もなかった（120.Ct.2061）。また、実母は、自分の子どもたちが、再婚相手の子どもたちとともに過ごす時間を大切にしていたため、祖父母の訪問の減少を望んでいた。このような背景のもと、連邦最高裁判所は、適性な親である実母による、自分の娘たちの最善の利益についての決定について、何ら特別な配慮がなされていなかったことに問題があると指

摘している（120 S.Ct.2062）。

*81　See, Feren L.Froin and Jennifer A.F*abriele, Afeter Troxel v. Granville: Grandparent Visitation in Massachusetts*, 44B.B. J.24（2000）.

*82　前掲*79の *Troxel v. Granville* の事件では、ワシントン州の最高裁判所は、父母以外の者による訪問について、そういった者による訪問がなされないならば、子にとって有害となる、もしくは有害となりうることの証明を必須としているが、連邦最高裁判所は、これについて判断していない。また、この事件において、連邦最高裁判所のスティーブンス裁判官（see, *Troxel v. Granville*, at 2070-2071）とケネディ裁判官（see, *Troxel v. Granville supura* note 79, at 2075-2076）は、子の最善の利益が父母以外の訪問権に適用されないとする州裁判所の判断に、異議を唱えている。さらに、ケネディ裁判官は、子の最善の利益を適用するにあたって、子と関係を有してきた者と、子とまったく関係を有してこなかった者とを区別するべきであり、父母以外の者が *de fact parent* にあたる者ならば、子の最善の利益を適用しても合憲性は認められると述べている（see, *Troxel v. Granville*, at 2079）。

*83　山口・前掲*79　147頁。*Troxel v. Granville* の事件紹介において、山口先生は、「スティーブンス裁判官が子どもの利益を親の自由の利益との関連性で、同等に主張しうるものと論じた意義は大きい。さらに、脚注において一言だけではあるが、子どもが憲法上の権利と利益を持つと述べたことは、今後の子どもの権利論に一石を投じるものとして重要な判決と捉えることができるであろう」と述べておられる。

*84　島津一郎『親族・相続法』103頁（日本評論社, 1980）、梶村太市「子のための面接交渉」ケース研究153号95頁以下（1976）、梶村太市「『子のための面接交渉』再論」『21世紀の民法』（小野還暦記念）430頁以下（法学書院, 1996）、唄考一ほか「座談会21世紀の家族法——学説・実務の行方——」判タ1073号67頁以下〔梶村太市判事発言より〕（2002）。

*85　梶村・前掲*84「『子のための面接交渉』再論」429頁以下。

*86　梶村・前掲*84「『子のための面接交渉』再論」431頁以下。

*87　この説にたつ論者としては、森口静一＝鈴木経夫「監護者でない親と子の面接」ジュリ314号72頁（1965）以下、木幡文徳「面接交渉権の現状と課題（一）」専修法学46号＝14頁以下（1987）。

*88　森口＝鈴木・前掲*87　75頁以下。

*89　森口＝鈴木・前掲*87　75頁。

*90　佐藤義彦「親権を行わない親の面接交渉権」家族法判例百選151頁（新版・増補, 1975）。

*91　川田昇「面接交渉権」民法の争点 I 220頁（1985）。佐藤・前掲*90　151頁。

*92　この説にたつ論者としては、明山和夫『注釈民法（23）』75頁〔於保不二雄ほか編〕（有斐閣, 1969）。

*93　明山・前掲*92　75頁。

*94　川田・前掲*91　220頁。

*95　川田・前掲*91　221頁。

*96　この説にたつ論者としては、久貴忠彦「面接交渉権覚書——二つの判例をめ
　　　ぐって——」阪大法学63号99頁以下（1967）、高橋忠次郎「子の監護と面接交渉
　　　権——とくに、離婚後の親権・監護権を有しない親の面接交渉権について——」
　　　ジュリ472号119頁（1971）、沼辺愛一「子の監護をめぐる諸問題」法曹時報24巻
　　　12号14頁以下（1972）、田中實「面接交渉権」『現代家族法大系２』258頁（有斐
　　　閣，1979）深見玲子「面接交渉権」『法律知識ライブラリー家族法』120頁〔村山
　　　慶一編〕（青林書房，1994）。

*97　久貴・前掲*96　117頁、沼辺・前掲*96　15頁。

*98　久貴・前掲*96　117頁。

*99　この説にたつ論者としては、山本正憲「面接交渉権について」岡山大学法経学
　　　会雑誌18巻2号185頁（1967）、佐藤義彦「離婚後親権を行なわない親の面接交渉
　　　権」同志社法学110号55頁（1969）、中川淳「離婚後親権を行わない父母の一方の
　　　面接交渉権」法時41巻9号143頁（1969）、川田・前掲*91　221頁、野田愛子「面
　　　接交渉権の権利性について」『家族法実務研究』275頁（判例タイムズ社，1988）、
　　　佐藤隆夫『現代家族法Ｉ』237頁（勁草書房，1992）、北野俊光「面接交渉権」『裁
　　　判実務大系』194頁〔村重慶一編〕（青林書院，1995）。

*100　田中通裕「面接交渉権の法的性質」判タ747号323頁（1992）。

*101　この説にたつ論者としては、棚瀬孝雄「離婚後の面接交渉と親の権利（上・
　　　下）」判タ712号4頁、同713号4頁（1990）。

*102　棚瀬（上）・前掲*101　11頁。

*103　この説にたつ論者としては、相原尚夫「面接交渉の実務覚書」ケース研究114
　　　号52頁（1969）、國府剛「面接交渉権の制限と憲法一三条」『家族法審判例の研
　　　究』149頁（日本評論社，1971）、稲子宣子「子の権利としての面接交渉権」日本
　　　福祉大学研究紀要42号71頁以下（1980）、山田三枝子「現代離婚法の課題として
　　　の子の権利の保障——日本法における親権概念の発展と離婚後の共同親権・共同
　　　監護を求めて——」法学政治学論究11号115頁（1991）。

*104　國府・前掲*103　149頁以下。

*105　この説にたつ論者としては、石川稔「離婚による非監護親の面接交渉権」『家
　　　族法の理論と実務』286頁（判例タイムズ社，1980）、棚村政行「離婚後の子の監
　　　護—面接交渉と共同監護の検討を中心として—」『家族法改正の課題』256頁（日
　　　本加除出版，1993）、田中・前掲*100　323頁、山脇貞司「離婚後の親子の面接交
　　　渉」法セミ466号22頁（1993）、山口國夫「面接交渉権」『21世紀の民法』（小野教
　　　授還暦記念）450頁（法学書院，1996）、二宮周平『新法学ライブラリ９ 家族法』
　　　86頁（新世社，1999）、大塚鍀子「面接交渉権の考察」朝日法学25号53頁（2000）。

*106　石川・前掲*105　286頁。

*107　棚村政行「離婚と父母による面接交渉」判タ952号59頁（1997）。

*108 　棚村・前掲*107　59頁。

*109 　「座談会21世紀の家族法——学説・実務の行方——」前掲*84〔大村敦志発言より〕判タ1073号67頁以下。

*110 　久貴・前掲*96　115頁。

*111 　久貴・前掲*96　117頁。

*112 　川田昇『新家事調停読本』371頁（一粒社, 第2版, 1994）。

*113 　稲子・前掲*103　95頁。

*114 　川田・前掲*91　221頁。

*115 　稲子・前掲*103　97頁。

*116 　祖父母が、孫との面接交渉を直接求めた事件ではないが、子の実母が亡くなった後、子を実際に監護していた祖父母から、子の実父とその再婚相手であり子と養子縁組した女性へ子の監護を移行する際に、過渡的に、子と祖父母の面接交渉を裁判所が命じた事例として、浦和家越谷支昭和51年3月31日（家月30巻8号46頁）がある。

*117 　梶村・前掲*84『子のための面接交渉』再論」432頁。

*118 　山口亮子「面接交渉権と子どもの利益——日米の比較——」上智法学42巻3・4合併号310頁（1999）。

*119 　野田愛子ほか座談会「家族法における実体規定と手続規定との相関性」〔新堂幸司発言〕判タ2260号27頁（1968）。新堂幸司先生は、子の監護について第三者が監護をしていた場合、そういった第三者が子の監護について審判の当事者として認められるかどうかの問題について、「子供を現に監護しているということで家庭の中にすでにはいり込んでいるという理論構成をすべき」であるとして、父母以外の第三者についても家庭裁判所の審判の当事者とすることを認めていくべきであるとされている（判タ226号26頁以下）。

*120 　「座談会21世紀の家族法——学説・実務の行方——」前掲*84　73頁において、梶村判事も、祖父母や叔父叔母等などにも、民法766条を類推適用することで、面接交渉は認められるとしておられるが、そのためには、権利的構成は邪魔であると述べられている。私見としては、子の権利として理解するからこそ、子の監護親にそういった父母以外の者との面接交渉は承認されやすくなると理解する。

*121 　「婚姻制度に関する民法改正要綱試案」法務省民事局参事官室編67頁（日本加除出版, 1994）。

*122 　「婚姻制度に関する民法改正要綱試案」・前掲*121　67頁。

*123 　「婚姻制度に関する民法改正要綱試案」・前掲*121　68頁。

*124 　「婚姻制度に関する民法改正要綱試案」・前掲*121　69頁。

*125 　「婚姻制度に関する民法改正要綱試案」・前掲*121　70頁。

*126 　「婚姻制度に関する民法改正要綱試案」・前掲注*121　71頁。

*127 　法務省民事局参事官室「民法の一部を改正する法律案要綱について」戸籍時報457号5頁（1996）。

*128　「児童虐待の対応」家族〈社会と法〉178頁（日本加除出版, 2001）。

（第 1 章—初出 /『関西大学法学論集』第52巻第3号 p.146〜198）

第2章　面接交渉の間接強制

I　はじめに

　父母の別居または離婚により、子はそれまで親密な関係を有していたにもかかわらず、監護者とならなかった父母の一方との接触を維持することが難しくなる。この関係を少しでも維持するために存在するのが面接交渉（現在の面会交流）である。この面接交渉は民法766条および家事審判法9条1項乙類4号による子の監護に関する処分として、調停や審判で処理することが認められている。調停または審判で認められた面接交渉が行われない場合には、非監護親は、家事審判法15条の5の履行勧告によって面接交渉の実現を試みることになる。そして、履行勧告によっても、監護親が非監護親と子との面接交渉に応じない場合、子の監護に関する処分として面接交渉に関し、再調停を行うよう非監護親は申し立てることもできる。また、そういった手段によっても面接交渉の実現がかなわない場合には、調停調書と審判は家事審判法15条および21条但書により、「執行力ある債務名義と同一の効力」を有するので、面接交渉の強制執行が問題となる。この強制執行の可否については、面接交渉の債務は執行力のない「責任なき債務」あるいは「自然債務」であるとして、間接強制や代替執行も含めて一切の強制執行を否定する説がある。しかし他方で、調停や審判で慎重な手続を経て決められたことは、司法により強制的に実現される保障を与えられるべきなので、面接交渉の強制執行を肯定する説もある。もっとも、後者の説によれば、面接交渉はその性質上直接強制にはなじまないので、強制執行の方法としては、間接強制によるべきであるとされる。

面接交渉の強制執行に関する問題については、すでに関西家事事件研究会（研究者と実務家会員から成る）で釜元裁判官と沼田裁判官により報告されており、そこでは、面接交渉の間接強制についても検討されている。本章は、釜元裁判官と沼田裁判官による報告内容（判タ1087号40頁以下）を踏まえた上で、面接交渉の間接強制に関する2つの裁判例（間接強制申立審判に対する執行抗告事件［家月55巻4号66頁以下］、間接強制申立却下決定に対する執行抗告事件［家月56巻2号142頁以下］）を素材として、面接交渉の間接強制について検討することを目的とする。

Ⅱ　面接交渉の間接強制に関する事件

事件1　間接強制申立審判に対する執行抗告事件
（高松高決平14.6.25 家月55巻4号66頁[*4]）

【事実の概要】

　X（子Aの母・原審債権者・本件相手方）は高松家庭裁判所に対して、Y（子Aの父・原審債務者・本件抗告人）を調停の相手方とし、XとYの長男である未成年子Aに関する親権者指定、子の監護に関する処分（面接交渉）の調停を申し立てた。平成13年9月28日に、調停が成立し、そこで作成された調停調書の内容は以下のとおりである。「ア　当事者双方は、当事者間の長男Aの親権者をY（父）と定める。（第1項）イ　Yは、Xに対し、Xが長男A（平成11年4月20日生）と毎月2回面接することを認め、その方法、場所等については、Xにおいて良識にかなった面接方法を選択することができることとし、特に制限をしない。（第2項）　ウ　当事者双方は、面接場所は、Yの自宅以外の場所とする。（第3項）　エ　XとYは、Xの上記未成年者（A）が通っている保育所の行事への参加等については、これを協議して定める。（第4項）　オ　Yは、Xに対し、上記未成年者の保育記録等の成長を記載した記録を随時見せることを約束する。（第5項）」

　調停成立後の平成13年10月7日ころに面接交渉が実施されたが、それ以降は、Yが上記調停の合意に反してXにAを会わせてくれなかった。そこで、Xは面接交渉の義務の履行勧告の申出をし、調査官による履行勧告がなされ

たが、Yはこれに応じなかった。そのため、Xは、平成14年3月26日に、上記調停調書を債務名義として、①Yは、Xに対し、長男Aと単独で毎月2回面接交渉をさせよ、②Yが審判送達の日以降に到来する①の債務を履行しないときは、Yは、Xに対し、1回につき金10万円を支払え、との裁判を求める旨の面接交渉の間接強制を申し立てた。

　原審では、①Yは、Xに対し、毎月2回Xの指定する日時、場所において、両者間の長男Aと面接交渉させよ、②Yが、審判送達の日以降において、①の債務を履行しないときは、Yは、Xに対し、1回につき金5万円を支払え、との審判がなされた。

　これを不服とするYが、抗告した。

【抗告審の判断】

　抗告審の判断は下記のとおりである。「調停条項のうち、債務名義として執行力を有するのは、当事者の一方が他方に対し、特定の給付をなすことを合意の内容とする給付条項のみであり、特定の権利もしくは法律関係の存在または不存在を確認する旨の合意を内容とする確認条項については、債務名義にはならない。そして、ある調停条項が、当事者の給付意思を表現した給付条項であるか、権利義務の確認にとどまる確認条項であるかは、当事者の内心の意思によって決まるものではなく、調停条項全体の記載内容をも参酌しつつ、当該調停条項の文言から客観的に判断すべきものである。」「調停条項の第2項は、『Yは、Xに対し、Xが長男A……と毎月2回面接することを認め』と記載されているのみであり、その文言から直ちにYが特定の給付をなすことを合意したことを読み取ることはできない。かえって、同調停条項で使用されている『認め』との表現は、裁判所において調停条項や和解条項が作成される場合に確認条項を表示する場合の常套文言であり、仮に給付条項とするのであれば当然『面接させる』等の給付意思を明確にした表現がされるべきものであるから、特段の事情のない限り、上記調停条項第2項は給付条項ではなく確認条項にとどまると解される。」調停条項第2項に関しては、「面接の方法、場所等についてXに選択する権利があるといっても、現実に未成年者と面接を行うに当たっては、事前の連絡、調整等が当然必要に

なるものであること、上記調停条項には、今後のAの監護に関し、当事者間の協議を予定していることが明らかな条項（第4項）も存することなどを考慮すると、Xが面接の方法、場所等について選択することができるとされているからといって、上記調停条項第2項をもって確認条項ではなく、給付条項であると解することはできない。」として、抗告審は、調停調書正本を執行力ある債務名義であるということを前提にして間接強制を命じた原審判を取り消し、Xの間接強制の申立てを却下した。

事件2　間接強制申立却下決定に対する執行抗告事件
（大阪高決平14.1.15 家月56巻2号142頁）[*6]

【事実の概要】

　X（子Aの父・原審債権者・本件抗告人）およびY（子Aの母・原審債務者・本件相手方）はともに医師の資格を有している。2人の間には平成4年11月17日に長男Aが出生した。Yの申立てによる子の監護に関する処分調停申立事件について、平成13年3月14日に、神戸家裁龍野支部において調停が成立した。そこでは、監護者をYとした上で、面接交渉については以下の調停条項が記載されている。「3　Yは、Xが……未成年者と毎月少なくとも2回面接することを認める。具体的な面接方法は以下のとおりとする。(1) 面接は、毎月第2土曜日からその翌日の日曜日、および第4土曜日からその翌日の日曜日に行うこととする。(2) Xは、第2土曜日、第4土曜日の午前9時頃から午前10時頃までの間にYの住所において、Yから……未成年者を引き取り、Yは、翌日の日曜日の午後5時台（大阪発の時間）の特急（スーパー白兎号）に乗ることができるような時間帯に、Xから……未成年者を引き取ることとする。(3) なお、平成13年3月の面接日は、同月17日（土曜日）の昼頃から翌日の日曜日とし、具体的な時間については、当事者双方が事前に協議の上定める。(4) Xと……未成年者とが面接交渉するにつき、その日時、場所、方法等で都合が悪い場合には、未成年者の意思を尊重し、かつ、その福祉を慎重に配慮して、その都度、当事者双方が事前に協議の上、前項の日時等を変更することとする。」

　面接条項に基づき、平成13年3月17日と同月31日に、AがX宅に1泊する面

接交渉が2回実施されたが、同年4月以降は、2回面接することができたのみであった。そこで、Xが、平成13年11月2日と同月26日に神戸家裁龍野支部に履行勧告の申出をし、調査官による履行勧告がそれぞれなされたが、面接交渉は実施されなかった。面接交渉の実現のため、平成13年12月5日に、Xが面接条項に基づき、Yに対して、Xを未成年者に同月29日までに面接させるべき義務の不履行につき、20万円の支払を命じることを求める間接強制の申立てを神戸家裁龍野支部にした。これに対し、原審では、「面接交渉の義務については、その方法の如何を問わず、強制執行をすることは許されないものと解するのが相当である」として、Xの間接強制の申立てを却下した。これを不服とするXが、抗告した。

【抗告審の判断】

抗告審の判断は下記のとおりである。「平成13年3月14日、両者間の子A……の監護及びXとの面接交渉について、調停が成立したこと、面接交渉に関する調停条項において、Yは、XがAと毎月少なくとも2回面接することを認め、その具体的方法も定めていること、平成13年5月、Yは、Xを被告として、離婚訴訟を提起したこと、同月以降、Yは、XにAと面接させていないこと、Xが履行勧告の申立てを2回したものの、功を奏しなかったことが認められる。」そして、「家庭裁判所の調停又は審判によって、面接交渉権の行使方法が具体的に定められたのに、面接交渉義務を負う者が、正当の理由がないのに義務の履行をしない場合には、面接交渉権を行使できる者は、特別の事情がない限り、間接強制により、権利の実現を図ることができるというべきである」とした上で、間接強制の申立てに対する決定をするためには、Yの審尋が必要であるとして、原決定を取り消し、差し戻した。

【受差戻審の判断】[*8]

受差戻審の判断は下記のとおりである。「面接交渉義務を負う債務者が、『正当の理由がないのに』義務の履行をしない場合には、『特別の事情がない限り』、民事執行法172条に基づき、債務者に対し、間接強制として、その義務の履行を確保するために相当と認める額の金銭を債権者に支払うべき旨を

命じるべきこととなる。」「『正当の理由』とは、例えば、監護している子が
面接交渉権利者である実親に対し、その従前の養育態度などに起因する強い
拒否的感情を抱いていて、面接交渉が、子に情緒的混乱を生じさせ、子と監
護者実親との生活関係に悪影響を及ぼすなど、子の福祉を害する恐れがある
といった、主として子及び監護者実親の側における、間接強制を不相当とす
べき諸事情をいうものであり……『特別の事情』とは、例えば、非監護者実
親の面接交渉が、もっぱら監護者実親に対する復縁を目的とするものである
とか、その方法、手段が不適当であるなど、面接交渉が権利の濫用に当たる
といった、主として非監護者実親の側における、間接強制を不相当とすべき
諸事情をいう」とした。そして、本件については、「正当の理由」も「特別
の事情」も認められないとして、Yは、Xを未成年者と毎月少なくとも2回
面接させること、その不履行1回につき20万円の割合による金員を支払うよ
う決定した。これを不服とする債務者であるYが抗告した。

【受差戻審の決定に対する執行抗告審】[*9]

　受差戻審の決定に対する執行抗告審で、抗告は棄却された。そこでは、次
のような理由が示されていた。「面接交渉をさせる義務を負うYがその義務
を履行していない以上、面接交渉権を有するXは、Yに対し、間接強制の
方法によりその権利の実現を図ることができると解すべきである（なお、Y
は、上記義務を履行しないことにつき正当な理由がある旨主張するが、同主
張は請求異議の事由として主張し得るにとどまると解される。また、上記調
停成立後の事情の変更により、Xと未成年者の面接交渉が未成年者の福祉に
反するに至ったと主張するならば、本件条項の取消しを求めるべき（調停な
いし審判の申立て）である）」。

　なお、これを不服とするY側が許可抗告にのぞんだが、最高裁はこれを棄[*10]
却している。

Ⅲ　検討

1.　債務名義とは

　債務名義とは、強制執行によって実現されるべき給付請求権の存在と内容とを明らかにし、それを基本として強制執行をすることを法律が認めたという意味で執行力のある文書のことをいう。[11]したがって、給付判決のみが債務名義となるため、確認判決ならびに形成判決は債務名義とはならない、[12]とされる。

　調停条項と審判主文は家事審判法15条および21条但書により、「執行力ある債務名義と同一の効力」を有するので、乙類審判事項である面接交渉の強制執行も、理論上は可能である。ただし、面接交渉の場合、代替執行や直接強制という執行方法は問題とならないと考えられ、執行方法としてはもっぱら間接強制ということになる。しかし実際には、そうした執行方法の問題とは別に、事件1の抗告審で「面接交渉権の行使については……強制執行にはなじみにくい」と指摘されているように、面接交渉の強制執行を行うことそのものについても、いくつかの問題が残されている。面接交渉を債務者に命じる債務名義の内容を一義的かつ明確に特定できるかということは、そのひとつであり、事件1および2でもこの点が争われた。

　面接交渉権は、子の福祉の観点から広範な制約を受ける権利であり、本来的には監護親と非監護親との協議により具体化されるべきものである。したがって、その権利の性質上、面接交渉の実現にあたっての詳細な協議までを妨げることは望ましくないので、面接交渉審判は、抽象的な作為義務の形の主文をとらざるをえない。[13]そこで、こうした形の主文または調停条項の内容を、債務名義としてみなすことができるかという問題が生じるのである。

2.　調停条項の債務名義性

　さて、この点につき事件1の抗告審では、調停条項第2項の「Yは、Xに対し、……Xが長男A……と毎月2回面接することを認め」（傍点筆者）という文言を、給付の意思表示をなしたものとはみなしえないとし、調停調書の債務名義性が否定された。その根拠として、「面接させる」等の給付意思を明

59

確にした表現が用いられていないということを挙げている。また、調停条項
で、面接の方法、場所等についてXに選択する権利が与えられていること
も、当該条項を給付条項と解釈するに足る特段の事情とは考えられないとさ
れた。

　一般に、「家事調停においては、……面接交渉の調停条項として、『面接す
ることを認める』という条項例が多く」、「妨害してはならない」など、不作
為義務を命ずる条項例はわずかである[14]、と指摘されている。事件1の抗告審
は、この点に着目し、「『認める』との条項は強制執行は認めないという趣旨
をはっきりさせた条項であると解[15]」したとも言えよう。確かに、過去の裁判
例を見ると、「面接することを妨害してはならない」といった文言を用いて、
監護親に不作為義務を課す事例[16]もある。しかし他方で、「面接交渉を許さね
ばならない」との文言を用いている事例[17]や、本件調停条項と同じように「面
接交渉を認めなければならない」と判示している事例[18]もある。これらの裁判
例が、強制執行の可否を念頭に置いた上で、意識的に文言を使い分けている
かどうかは定かではない。もっとも、関西家事事件研究会では、実務家会員
から、「面接交渉に関する調停調書を作成する際には、あくまで任意に履行
されることを前提にしているのであって、間接強制を見据えて調停条項を作
成するわけではない。仮に、任意の履行がなされなかった場合でも、間接強
制を行うよりは、再調停を行い、両当事者に話し合いの場を再度提供するほ
うが望ましい」との見解が提示された。確かに、親権（監護権）の帰属が主
たる争点となる離婚の申立てに付随した家事調停の場合には、こうした前提
で調停条項が作成されていると信ずるに足る一定の根拠があるように思われ
る。子の監護に関する処分で、面接交渉権の申立てを主とする調停や審判と
は異なり、面接交渉権の内容を具体的に取り決めることが中心的な課題とは
ならないからである。したがって、面接交渉権の内容についても、執行可能
と解される程度にまで具体的な条項が作成されるとは限らない。しかし、逆
説的に言えば、面接交渉権の申立てを主とする調停や審判においては、この
ような前提で調停条項が作成されているとするには疑問の余地があることに
なろう。この点で、同様に実務家会員から、「面接交渉権の存否自体が争点
となっている事案では、面接交渉の実現のためにその内容を詳細に決めてお

く必要性がある。しかし、面接交渉を実施することについて当事者間に合意があり、その内容については協議のうえで、任意履行を十分期待できるような事案では、面接交渉の方法については具体的に定めることはない」との見解が提示されていたことは注目に値する。

そもそも、面接交渉権を得ることのできた非監護親が、こうした前提を承知した上で、常に「面接交渉をさせよ」と「面接交渉を認める」との文言の違いを理解して、調停を成立させているとは限らない。[19]それゆえ、研究会では、実務家会員から、「仮にこのような前提が、裁判官にとっては確立された慣例であるとしても、裁判官には、当事者に対し、文言の違いから生ずる強制執行の可否を説明する責任が課されていると考えるべきである」との指摘もあった。確かに、親権を争っている当事者が、面接交渉権を得るかわりに親権（監護権）を譲るというような場合には、文言の選択にあたっては慎重な姿勢が求められよう。なぜなら、調停や審判で取り決められた面接交渉が実現されないならば、親権を諦めることはなかったと主張される可能性が高いからである。それゆえ、このような場合や、最初から面接交渉が実現されないときには間接強制をすると当事者が主張していたような場合には、面接交渉に関する調停条項を執行できないという意味で、「面接交渉を認める」との文言を用いるのであれば、当事者に「これは執行が不可能である場合もありうる」ということを認識させておく必要があろう。

いずれにせよ、事件1の抗告審は、「認める」という文言が用いられているときでも、特段の事情のある場合には、給付条項とみなしうる含みを持たせており、文言の相違のみを過度に強調することは、あまり生産的な議論とは思えない。

3．債務名義の特定

むしろ、問題は、「面接交渉を認める」という条項から、強制執行可能な義務をどの程度引き出しうるかである。民事執行法172条1項は、「作為又は不作為を目的とする債務で前条第1項の強制執行ができないもの」を間接強制の対象とするので、作為債務だけでなく不作為債務も間接強制の対象となりうる。[20]しかし、面接交渉の間接強制の場合、仮に当該条項を「面会するこ

とを妨害してはならないという不作為のみを命じている、と解する余地がある[21]」としても、結局のところ、当該未成年子が債務者の監護下にあることを考慮すると、面接交渉は「義務者による、面接させる、という作為がなければ面接は実現できない[22]」とされる。この点は、事件1の抗告審の判断でも、指摘されていたところであるが、とすれば、間接強制の対象となりうるためには、事実上作為義務を目的とする債務を命じていなければならないということになる。

　事件1の抗告審は、「面接の方法、場所等についてXに選択する権利があるといっても、現実に未成年者と面接を行うに当たっては、事前の連絡、調整等が当然必要になるものであること、上記調停条項には、今後のAの監護に関し、当事者間の協議を予定していることが明らかな条項（第4項）も存することなどを考慮」し、作為義務だけでなく不作為義務の存在をも否定したと解される。そもそも、事件1の抗告審は、「面接交渉権の行使については、未成年者を監護する方の親の協力が不可欠であり、強制執行にはなじみにくい性格のもの」との前提に立っており、こうした義務の存在が肯定される可能性もなかったと考えられる。

　これに対し、調停条項において、同様に「認める」という文言が用いられていた事件2では、家庭裁判所の調停や審判によって面接交渉について具体的な行使方法が定められたこと、それについて当事者が合意していることを理由に、面接交渉の間接強制は可能であると判断された。

　したがって、面接交渉の間接強制の可否につき、面接交渉の内容が具体的に特定されていたか否かによって、その判断が分かれたということになろう。これは、強制執行を開始するに際しては、債務名義の特定が前提になることを考慮すれば、至極当然のことである。

　ただし、面接交渉の内容が具体的に特定されていなければ、やはり間接強制は不可能なのだろうか。この点につき、面接交渉の調停条項または審判主文は、「抽象的な作為義務の形の主文を採ることを権利の性質上原則とせざるを得ない」ので、作為義務の抽象性を理由に間接強制を否定することは許されないとされる[23]。確かに、事件1の抗告審のように、面接交渉の実現を望むのであれば、あらためて子の監護に関する処分（面接交渉）の調停または

62

審判を申し立て、未成年者との面接交渉につき給付条項を含む調停の成立を目指すか、給付を命じる審判を求めるしかないとするのは、結局のところ、そういった調停や審判が成立するまで、子と非監護親の交流は閉ざされ、当該子の福祉に適わない結果になってしまう。さらに、子との面接交渉を求めるために、再度、調停・審判にのぞまなければならないということは、非監護親にとっては、かなりの負担になろう。以上のことを考慮すれば、面接交渉の内容が、たとえ具体的に特定されていないとしても、そのことから直ちに間接強制の可能性を閉ざしてしまうことは望ましくないと考える。とはいえ、間接強制を開始するには、義務の内容を特定しなければならないことに変わりはない。「債務名義の機能は、執行手続を債務名義作成手続から分離し、執行機関をして実体上の給付義務の存否・内容を調査することなく執行を実施させるにあ」るとされる。とすれば、面接交渉の調停条項または審判主文の特殊性を考慮しても、はたして現行法上、何らの立法的手当もなくそのような特定作業が許されるのか、許されるとしても、その程度はいかなるものか、なお残された課題も多い。問われるべきことは、抽象的な作為義務の形のままで間接強制を行うことができるか否かというよりも、そのような義務をどこまで特定することが許されるのか、である。いずれにせよ、現状では、個々の事例を積み重ねて、基準の明確化をはかるよりほかないが、そのさいには、子の福祉を最大限尊重した解決が望まれることは言うまでもない。

4．「正当の理由」と「特別の事情」の主張方法

　事件2のYによる許可抗告理由書では、抗告審による決定と受差戻審の決定に対する執行抗告審による決定が相反しているのではないかという、債務名義の問題とは別の論点が提起されている。すなわち、抗告審は、上述のように、家庭裁判所の調停または審判によって、面接交渉権の行使方法が具体的に定められているにもかかわらず、面接交渉義務を負う者が、義務の履行をしない場合でも、正当の理由がある場合または特別の事情がある場合は、間接強制は許されないとした。これに対して、受差戻審の決定に対する執行抗告審は、これも上述のように、正当の理由は請求異議の事由として主張しうるにとどまるとし、また「調停成立後の事情の変更により、Xと未成年者

の面接交渉が未成年者の福祉に反するに至ったと主張するならば、本件条項の取消しを求めるべき（調停ないし審判の申立て）である」とした。Yは、この点を捉えて、両決定は明らかに相反しているとする。

この点を検討するにあたって、まず、「正当の理由」および「特別の事情」が何を意味しているかを理解する必要がある。抗告審および受差戻審の決定に対する執行抗告審は、この点について触れていない。しかし、受差戻審は、上述のように、「『正当の理由』とは、……子の福祉を害する恐れがあるといった、主として子及び監護者実親の側における、……諸事情」をいい、また「『特別の事情』とは、……面接交渉が権利の濫用に当たるといった、主として非監護者実親の側における、間接強制を不相当とすべき諸事情をいう」と述べている。この定義に従えば、「正当の理由」および「特別の事情」の存否は、子の福祉に関する問題となる。

釜元＝沼田論文によれば、面接交渉権は子の福祉によって大きな制約を受ける権利であることから、面接交渉義務の間接強制をすることが、著しく子の福祉を害する場合には、当該強制執行は権利の濫用または信義則違反となるとされる[25]。これらに該当する事由は、特定の債務名義につき、その執行力の排除を求めうる理由となる事実、すなわち請求異議の事由にあたると解されている[26]。乙類審判である面接交渉の審判は非訟の一種として既判力はないが、継続的な法律関係を規律する審判であることから、審判後の事情の変更がない限り、先行する審判を変更することはできないとされている。それゆえ、債務名義である面接交渉審判のなされた後に事情変更があり、その審判の命じる面接交渉を間接強制することが子の福祉を著しく害するような事態になった場合には、当該事由が請求異議の事由に該当するものというべきであるが、その反面、間接強制決定手続でこの点を取り上げることは許されないとされる[27]。受差戻審の決定に対する執行抗告審も、この立場によっていると思われ、筆者も基本的にはこれに賛同する。

しかし、これもすでに釜元＝沼田論文で指摘されているように、子の福祉に関する問題を請求異議の事由と位置づけた場合には、はたして「子の福祉」という微妙な問題を弁論主義によって十分に審理できるのかという疑問を抱かざるをえない[28]。それゆえ、債務者が、調停成立後に債権者と子との間

に行われる面接交渉が、子の福祉に反することを理由に将来に向かって継続する面接交渉の債務名義のすべてを拒否したいのであれば、請求異議の訴えによるのではなく、受差戻審の決定に対する執行抗告審が述べるように、家庭裁判所の調査官を活用できる調停・審判によるのが望ましい。もちろん、ひとたび子の福祉に適うとして調停条項や審判で面接交渉が認められたのであるから、それを拒否したい債務者側に申立ての責任があると言うべきだろう。もっとも、将来に向かって継続する面接交渉の債務名義のすべてを拒否するのではなく、子の病気などのように一時的な事由で、執行力を個別的に拒否することを目的とする場合には、請求異議の訴えにおいて、それが間接強制を不相当とするに足る「正当の理由」にあたるか否かを、弁論主義で審理することは差し支えなかろう。

　ところで、事件2の受差戻審では、「正当の理由」を子の福祉を害することであると述べた上で、事件2の場合に非監護親と監護親との面接交渉が子の福祉を害するかどうかを調査官を活用し調査している。その調査では、「当裁判所調査官の未成年者に対する心理テスト……及び観察、聴取の結果によっても、未成年者は、……従来、Ｘとの父子関係が充分に形成されていないため、Ｘと2人きりとなると会話が弾まず、面接を負担に感じるという面も見られるが、他方で、Ｘを拒否する、あるいは嫌悪するといった感情やＸに拒否されているとの感情は有していないばかりか、逆に、Ｘにはもっと構ってほしいという気持を有していると見られるのであって、未成年者の福祉にとっては、Ｘとの適切な父子間の交流が、むしろ必要と認められる」との結果が示されている。子との面接交渉を拒む監護親は、面接交渉が子の福祉に反することを理由に挙げることが多い。本件のように、監護親が面接^{*29}交渉をすすんで実施しないような場合には、監護親に対する忠誠葛藤から、子は非監護親との面接交渉を素直に受け入れられない状況が生じうる。この点については、「Ｙとしては、未成年者に……忠誠葛藤が生じないよう配慮し、Ｘと未成年者との面接交渉の実現に協力すべき」であるとの判断がなされている。上記のように、調査官の活用により、面接交渉が子の福祉に適うとの^{*30}結果が示されているのであれば、面接交渉の実現のために間接強制は認められるべきである。もちろん、面接交渉の間接強制に関する事件については、

まず前提として調査官を積極的に活用するべきである。

5. 別居中の面接交渉と離婚後の面接交渉

　同じく、事件2の債務者側による許可抗告理由書では、相手方が間接強制申立ての根拠とする本件調停条項は、申立人と相手方が共同親権を有する時点のものであり、裁判上の離婚が確定後も債務名義性を持たせることは不当であると主張されている。

　この点について、関西家事事件研究会では、実務家会員から次のような見解が示されていた。①別居中に取り決めるときは終期を離婚の時とし、離婚後にあらためて面接交渉に関する調停を申し立てる。また、終期を入れていない場合には、別居中に取り決められた面接交渉は離婚後も継続される。②現在では、離婚後の子の監護に関する処分についての民法766条の規定を別居中の場合に類推適用しているが、これは最近になって示された判断であるため、裁判官のすべてが、あまり明確に別居中の面接交渉と離婚後の面接交渉の区別をしていないのではなかろうか。③子どもの成長につれて状況はかわっていくので、面接交渉の実施方法もそれによってかわっていくべきであり、離婚確定時は、一つの区切りとして、面接交渉の内容を見なおす機会であると考えられる。

　子の成長状況に応じて、面接交渉の実施方法も当然変更されるべきである。監護親が非監護親と子との面接交渉に理解を示し面接交渉が任意に履行されるような場合や、子が単独で非監護親に会いに行けるような年齢であるような場合には、子の成長に応じた面接交渉の実施が期待できよう。このような場合には、別居中と離婚後をあえて区別する実益はないように思われる。しかし、監護親と非監護親とがそのような関係になかったり、子が幼かったりするような場合には、やはり面接交渉の実施方法について見なおす機会があったほうがよい。離婚確定時に、そのような事情が存在するならば、別居中に取り決められた調停条項の債務名義性を離婚後も継続させることは、にわかに肯定しがたい。また、子の幼稚園入園や小学校入学など子の成長の節目となる時期を経ている場合にも、同様のことが当てはまると思われる。したがって、無用な争いを避けるためにも、調停条項に終期を定めて

おき、かつ終期を迎えた場合には再調停を行う旨を明確に記載しておくことが望ましい。また、終期を定めなくとも、子の福祉の向上のために面接交渉の実施方法の変更が必要であると感じた親のほうから、再調停を申し立てることができるとの条項を設けておくことも考えられよう。

Ⅳ　むすびにかえて

　現行では、面接交渉の執行手続は執行官によってなされ、家庭裁判所の調査官の活用は難しい。しかし、面接交渉の間接強制は、子の福祉の観点に基づいて解決されるべき問題であるので、面接交渉の実現に向けて生じる問題（たとえば、強制執行の審尋など）については、本来的には家庭裁判所の調査官による関与が望まれる[*31]。

　面接交渉の目的は、子の福祉の向上である。とすれば、面接交渉権は子の権利である[*32]。面接交渉の任意履行がなされない事例では、この面接交渉権の性質について、面接交渉を争っている父母が理解していないことから生じる問題であると言える。人身保護事件では、被拘束者である子について代理人がつけられる（人保規31条3項）。この代理人は、家庭裁判所の調査官の役割を代替しているという[*33]。研究会では、非監護親を債権者、監護親を債務者として親の権利として構成するのではなく、面接交渉権は子の権利であるということを明確にするために、面接交渉についても、子に代理人をつけ子の権利としての面接交渉の実現をはかるべきではなかろうかとの注目すべき見解も示されていた。しかし、家庭裁判所の調査官は科学的調査を行う補助機構として、人間関係諸科学の成果に基づく十分な調査を行いうるが、人身保護事件のように子の代理人をたてたとしても、その代理人である弁護士が家庭裁判所の調査官にかわって調査官と同等に調査を行うことは難しいという[*34]。とすれば、将来的には、調査官を活用しつつ、子の権利としての面接交渉の実現のため、子にも代理人をつけるという方法も模索されるべきであるが、現時点では、面接交渉権それ自体が明文化されておらず、その手続についても不明確な点が多いので、やはり調査官の積極的関与により子の福祉の確保をしていくよりほかないということになろうか。

注

*1　以下に挙げる面接交渉の履行確保の手段については、遠藤富士子「面接交渉の時期・方法・履行確保」判タ1100号190頁以下（2002）を参照されたい。

*2　梶村太市「『子のための面接交渉』再論」小野教授還暦記念『21世紀の民法』431頁（法学書院，1996）。

*3　面接交渉の間接強制を認める論者は下記のとおりである。森口静一＝鈴木経夫「監護者でない親と子の面接」ジュリ314号76頁（1965）、高橋忠次郎「子の監護と面接交渉権」ジュリ472号120頁（1971）、田中實「面接交渉権」中川先生追悼『現代家族法大系（2）』261頁（有斐閣，1980）、沼邊愛一「子の監護・引渡しおよび面接交渉に関する家裁の審判権」『家事事件の実務と理論』134頁（日本評論社，1990）、棚村政行「離婚と父母による面接交渉」判タ952号63頁（1997）、釜元修＝沼田幸雄「面接交渉と強制執行」判タ1087号40頁（2002）。

*4　この事件は、家月55巻4号66頁では「高松高 平14.6.25決定」と記載されているが、同号51頁の裁判例目次では「高松高 平14.11.15（決定）」と記載されている。ここでは、66頁の記載に従った。
　　　判例評釈として、岡部喜代子「面接を認める旨の調停調書に基づく間接強制の可否」民商129巻6号164頁以下（2004）がある。あわせて参照されたい。

*5　高松家審平14.6.25 家月55巻4号69頁。

*6　この事件の判例評釈として、二宮周平「面接交渉権を行使できる者は、特別の事情がない限り、間接強制により権利の実現を図ることができるとした事例」判タ1150号103頁以下（2004）、梶村太市「面接交渉を定める調停・審判に基づく間接強制の可否」民商131巻3号478頁以下（2004）、伊藤茂夫・平16主判解（判タ1184号）122頁以下（2005）がある。あわせて参照されたい。

*7　神戸家龍野支決平13.12.7家月56巻2号144頁。

*8　神戸家決平14.8.12 家月56巻2号147頁。

*9　大阪高決平15.3.25 家月56巻2号158頁。

*10　最三小決平15.8.6 家月56巻2号160頁。

*11　中野貞一郎『民事執行法［新訂4版］』147頁（青林書院，2000）。

*12　鈴木忠一＝三ヶ月章編「注解民事執行法（1）」266頁〔石川明〕（第一法規出版，1984）。

*13　釜元＝沼田・前掲*3　41頁。

*14　岡部・前掲*4　168頁。

*15　岡部・前掲*4　168頁。

*16　東京家審昭50.1.27 家月28巻2号95頁以下。これは、監護親のもとで養育されている子と非監護親の面接を、監護親が拒否しているような事例とは違って、養護施設に入所している子と非親権者である母の面接交渉を、親権者である父が許諾しなかったため、施設において母子間の面接が拒否されていた事例である。

*17　京都家審昭57.4.22 家月35巻9号105頁以下。

*18　東京家審昭49.3.29 家月28巻6号59頁以下。

*19　この点については、「面接交渉の調停では本人のみが出頭し、代理人がついて
　　いない場合や、当事者の一方のみに代理人がついている場合が多く、本件のよう
　　な結論に一般市民が納得するかについては疑問も残っているのではないだろう
　　か」（佐藤義彦「民法判例レビュー82今期の裁判例」判タ1128号80頁〔2003〕）と
　　の指摘もある。
　　　また、関西家事事件研究会では、実務家会員から「裁判官を含めて関係当事者
　　間では給付的と考えていたと見る余地があるのではないか」という見解や、「条
　　項全体の内容をみて面接交渉権の存否だけでなく面接交渉の方法を取り決めてい
　　る場合の『認める』は確認の意味を超えているのではないか」との見解も示され
　　ていた。

*20　鈴木忠一＝三ヶ月章編『注解民事執行法（5）』98頁〔富越和厚〕（第一法規出
　　版，1985）。

*21　岡部・前掲*4　167頁。

*22　岡部・前掲*4　167頁。

*23　釜元＝沼田・前掲*3　41頁。

*24　中野・前掲*11　158頁。

*25　釜元＝沼田・前掲*3　42頁。

*26　中野・前掲*11　221頁、225頁、釜元＝沼田・前掲*3　42頁。

*27　釜元＝沼田・前掲*3　42頁。

*28　釜元＝沼田・前掲*3　42頁。

*29　釜元＝沼田・前掲*3　42頁。

*30　釜元＝沼田論文でも、監護親には「断片的に非監護親と接触することによって
　　心理的に動揺する未成年者を包括的な身上監護の義務者として充分にケアし、面
　　接を嫌がるような状況にあれば未成年者の気持ちを十分に受け止めて非監護親と
　　会っても別段、監護親の機嫌を損ねることはないことを理解させて葛藤を感じる
　　ことなく非監護親と面接してよいことを伝えるなどして、積極的に非監護親との
　　交流を確保するべき義務」（釜元＝沼田・前掲*3　42頁）があると指摘されてい
　　る。

*31　釜元＝沼田・前掲*3　45頁。

*32　拙稿「面接交渉権の法的性質に関する一考察――アメリカにおける継親子間の
　　訪問権を中心に――」関法52巻3号146頁以下（2002）。

*33　中山直子「別居中の夫婦間の子の引渡請求」判タ1100号173頁（2002）。

*34　中山・前掲*33　173頁。

（第2章―初出／判例タイムズ社『家事事件の現況と課題』p.197～209）

第3章　面会交流の間接強制

——子の意思または福祉の取扱いをめぐって——

I　はじめに

　民法766条1項により、「父又は母と子との面会及びその他の交流」を協議で定める際、「子の利益を最も優先して考慮しなければならない」。協議が不調におわり、家庭裁判所がこれを定めるときも同様である（同2項）。

　したがって、子が面会交流を拒否しているにもかかわらず、家庭裁判所が面会交流を命じる審判を行う場合、それは「子の利益を最も優先して考慮」したうえで導かれた結論という推定がはたらくことになる。それゆえ、子が面会交流を拒否している」ことを理由に、審判によって認められた権利および義務の存否や内容を「蒸返し」て争うことは禁止される[*1]。調停の場合も、当事者が子の態度や意向を踏まえて調停の内容に合意していたのならば、同様に考えることができる[*2]。

　他方、審判や調停の際には子が面会交流を拒否していなかったが、面会交流を実施する段階で拒否するようになったときや、審判や調停の際とは別の理由で拒否するようになったとき、あるいはこれらを考慮して、面会交流を実施することが「子の福祉に反する」と考えられるようになったときなどはどうか。最高裁は、子が「相手方との面会交流を拒絶する意思を示していること」から、「間接強制決定が許されない」との主張に対して、次のように述べている。

　　　……子の面会交流に係る審判は、子の心情等を踏まえた上でされてい

るといえる。したがって、監護親に対し非監護親が子と面会交流をすることを許さなければならないと命ずる審判がされた場合、子が非監護親との面会交流を拒絶する意思を示していることは、これをもって、上記審判時とは異なる状況が生じたといえるときは上記審判に係る面会交流を禁止し、又は面会交流についての新たな条項を定めるための調停や審判を申し立てる理由となり得ることなどは格別、上記審判に基づく間接強制決定をすることを妨げる理由となるものではない。[3]

　すなわち、「子が非監護親との面会交流を拒絶する意思を示していること」は、間接強制決定を妨げる理由にはならないが、調停または審判を申し立てる理由にはなるとした。一見すると、最高裁は、原則として、子が面会交流を拒否しているので義務を履行できないなどの主張を、間接強制決定手続では考慮すべきではないと考えていることが明らかになったように見える。[4]　仮にそうならば、監護親が、子が面会交流を拒絶していることを理由に義務の不履行を正当化するには、債務名義である面会交流を定める調停調書またはその旨を命じる審判の変更または消滅を求める調停または審判を新たに申し立てなければならないことになる。

　ところで、この最高裁決定が下されるほぼ1年前に大阪高裁は、子が「面会を拒む意思を強固に形成している場合」、「間接強制命令を発することはできないし、これを発してみても面会交流の実現に資するところはない」として、間接強制の申立てを却下している。[5]　ここでは、子の「面会を拒む意思」を間接強制の可否を決定する手続のなかで審理判断の対象としたうえで、そのような事情が「審判に基づく間接強制決定をすることを妨げる理由」になるとの結論が導かれていた。

　この2つの裁判例の関係をどのように理解すればよいのだろうか。最高裁決定は、「子が非監護親と面会交流を拒絶する意思を示していること」が「調停や審判を申し立てる理由となり得ること『など』」になりうるとしているので、調停または審判以外の手続を完全に排除する趣旨ではないと解する余地はある。しかし、間接強制決定手続のなかで、このような事由は「間接強制決定をすることを妨げる理由」にはならないとしていることから、一見

する限りでは、「など」の中に間接強制決定手続は含まれないように見える。そうであれば、これらの裁判例は矛盾しており、大阪高裁決定は最高裁決定により否定されたことになる。しかしこの点については、実務家の間で見解が分かれている。また、間接強制決定手続で、子の意思や子の福祉に関する主張を審理判断の対象にすることができるか否かについては、学説上もなお議論のあるところであり、あらためて検討を加える意義は少なからずある。

　民法766条1項により、面会交流を考える場合、「子の利益」が「最も優先して考慮されるべき」である。それは、面会交流についての子の意思や、面会交流を実施することが子の福祉に適うかどうかということと、密接に関係する。それでは、子が面会交流を拒絶している場合、またはその意思に反して面会交流を実施することは子の福祉に反するおそれがある場合、「子の利益」を最大限確保するためには、どのような手続でそれらを審理するのが最も適しているだろうか。本章は、このような観点から、間接強制決定手続における子の意思または福祉の取扱いについて、考察を加えることを目的とするものである。

II　大阪高裁決定（平24.3.29）が提起したもの

　まず、大阪高裁決定の内容を確認しておこう。

　事実関係は次のとおりである。債権者（父）が債務者（母）に対し、2人の子との面会交流を求める調停を申し立てたところ、調停は不成立となり、毎月1回第3日曜日に3〜6時間の面会交流を命じる旨の決定（以下「本件決定」という）が下された。債権者と長男との面会交流は実施されたが、債権者と長女との面会交流は、債務者の働きかけにもかかわらず、長女がこれを頑なに拒否していることから、一度も実現していない。そこで、債権者は、債務者に対し、本件決定に記載されたとおりの面会交流をさせること、これを履行しないときは、不履行1回につき2万円の支払いを命じる間接強制の申立てをした。これに対し、債務者は、長女が債権者と面会交流をすることについて強い拒否感を示していることなどの理由により、この申立ては却下されるべきであると主張した。

原審は、次のような理由により、債権者の主張を認容し、不履行1回につき、8,000円の支払いを命じる間接強制決定を行った。すなわち、本件決定は、その内容が具体的に特定されている。債務者は、本件決定により、子と債権者とを面会交流させる義務を負う。この義務が履行されない場合、債務者に対し、間接強制として、その義務の履行を確保するために相当と認める額の金銭を債権者に支払うよう命じることができる。債務者の主張は、請求異議の事由として主張するか、本件決定自体の取消ないし変更をすべき理由として、そのための手続内において主張するべきものであって、執行裁判所が判断することは相当でない。したがって、長女の強い拒否的感情があるとしても、間接強制として、債務者に一定の金銭の支払いを命じること自体はやむを得ない[*8]。

これを不服とした債務者は、この決定の取消と原審裁判所への差戻しを求めて執行抗告をした。抗告審は、次のような理由により、債務者の主張を認め、原決定を取り消すとともに債権者による間接強制の申立てを却下した。

　　間接強制命令を発するためには、債務者の意思のみによって実現できる債務であることが必要である。……

　　未成年者はすでに10歳であり、面会を拒む意思を強固に形成している場合、抗告人が面会に応じることを働きかけても限界がある。本件の事情に照らせば、抗告人に対し、未成年者と相手方の面会を実現させるためにさらなる努力を強いることは相当とはいえないし、かかる努力を強いてもそれが奏功する見込みがあるとはいえないというべきである。

　　そうすると、本件債務名義は、抗告人の意思のみによって実現することが不可能な債務というべきであるから、間接強制命令を発することはできないし、これを発してみても面会交流の実現に資するところはない[*9]。

このように、原審は、債務名義により、面会交流の内容が具体的に特定されていることをもって、間接強制決定をすることは「やむを得ない」と判断

した。「長女の強い拒否的感情」は、「請求異議の事由」または債務名義自体
の「取消ないし変更をすべき理由」として、別の手続で主張するべきもので
あって、執行裁判所は、それを間接強制決定の可否を審理する際に判断の対
象とするべきではないとする。

　しかし、抗告審は、10歳の子が面会を拒否する場合、債務者の意思のみに
よって実現できない債務になっているので、間接強制決定を行なえないとし
た。つまり、間接強制決定を行うか否かを審理するにあたって、「10歳」の
子が「面会を拒む意思を強固に形成している」ことを、執行裁判所は考慮す
ることができるとし、そのような事情は別途請求異議の訴えや審判を申し立
てて主張するべきであるとはしなかった。

　さて、大阪高裁決定と最高裁決定が矛盾しないとする論者は、前者が子の
年齢を強調していることに着目する。大阪高裁決定は、「10歳」の子が「面
会を拒む意思を強固に形成している場合」、「債務者の意思のみによって実現
することが不可能な債務」になっているので、間接強制命令を発することは
できないとした。他方、最高裁決定は、「7歳」の子が「面会交流を拒絶する
意思を示していること」は、「間接強制の妨げとなるものでない」とした。
「7歳」と「10歳」では、「物事を認識・判断する能力等に大きな差」がある。
監護親が面会交流に対してマイナスのイメージを持っていたとしても、小
学校に入学したばかりの7歳の子よりも、小学校入学以降、より多くの人々
と関わってきた10歳の子の方が、監護親の意思の影響も受けにくいはずであ
る。最高裁決定は、子の年齢を考慮したうえでの判断だと考えると、大阪高
裁決定と矛盾するものではない。家事事件手続法65条が、子の年齢および発
達の程度に応じてその意思を考慮すべき旨定めていることからも、10歳の子
の意思を尊重した大阪高裁決定は、子の利益に十分に配慮した判断である。[*10]

　これに対し、年齢で区別することを正当化するに足る根拠はなく、最高裁
決定の射程をそのように狭く解すべきではないとの反論がある。家事事件手
続法や人訴法で明文の規定のある15歳を区別の基準とするならまだしも、10
歳の子であっても小学生であり、監護親の影響を強く受けていることに変わ
りはない。したがって、最高裁決定と矛盾・抵触する大阪高裁決定は、「指
導的立場」および「規範的効力」を失っているとされる。もっとも、「13歳

から15歳以上が明示的に拒否の意思表示をしたときは、作為義務の履行に第三者の協力を要する場合といえる」かもしれないとして、年齢を考慮することに含みを持たせている[*11]。

こうして、大阪高裁決定は、最高裁決定の射程をめぐって、異なる見解を導きだすにいたった。時系列を考えれば、正確には、冒頭で述べたように、最高裁決定により、大阪高裁決定との関係をどのように理解するべきであるかという疑問が生じることになった。大阪高裁決定と最高裁決定は矛盾しないと主張する論者は、子の年齢に応じて、最高裁決定の射程が変動すると解している。他方、最高裁決定は「10歳」の子の場合にも及ぶと解する論者も、「13歳」以上の子については、及ばないと解する余地を示唆している。それゆえ、子の年齢に応じて、最高裁決定の射程が変動する余地があるという点では、両者の意見は一致していると言える。したがって、厳密に言えば、8歳から12歳の子の場合に、間接強制決定手続の中で、子が面会交流を拒否していることを審理判断の対象にすることが許されるのか否かという点で、見解の相違が生じているのである。

最高裁決定は、特に子の年齢についてはふれていない。したがって、一見するといずれの解釈も成り立ちうるように見える。この点で、その後の裁判・審判例は、興味深い展開を示している。次で改めて、見てみよう。

Ⅲ　裁判例の展開

1．東京高決平26.3.13

まず、12歳と10歳の子に関して、間接強制決定手続の中で、「新たな事情」を審理判断の対象とした判例を見てみよう。本件は、債権者（父）が、面会交流を命じた審判（以下、「本件審判」）の内容を債務者（母）がまったく履行しないとして、面会交流の不履行1回につき25万円の支払を求める間接強制の申立てをした事案である。

母は、父と子らが面会することはかまわないが、子らが強く拒否しているので、面会交流を実施できないと主張した。これに対し原審は、子らが面会交流を望んでいないことは、母の不履行を正当化する理由にはならないとし

た。本件審判は、「子らが債権者との面会に対して拒否的であることをふまえ、その背景に当事者間の深刻な対立関係があったことを指摘し、母に対し、子らの「債権者に対する嫌忌の感情を緩和すべく尽力することをも求めているから」である。

　抗告審でも、母は、子らはいずれも自分の意思を表明できる年齢になっており、父に対して著しい嫌悪感を抱いているのに、無理矢理、面会交流させるのは実際には困難であると主張した。抗告審は、まず、本件審判に基づいて、母は父が子らと面会交流することを許さなければならないか否かを検討した。抗告審によれば、子らは、母の影響を強く受けて、面会交流に極めて消極的な姿勢をとっている。しかし、父が子らに危害を加えた、またはその福祉に反する行いをしたということはない。子らの父に対する態度は、母が幼い子らにも自身と同じ対応をとるよう仕向けた結果形成されていったと考えられる。その意味で、母は、子らと父との健全な父子関係の構築や発展を、自己の不安定な感情にまかせて実質的に阻害してきたといえるのであって、子らの監護者としての適格性に大きな問題があることをうかがわせる。父子関係に大きな傷を受けている子らは、思春期に差し掛かっていることもあり、ケアが必要な状況にある。本件で、面会交流の日程調整などを行った公益社団法人家庭問題情報センター（以下「FPIC」という。）は、このような問題について豊富な知識と経験を有する人材等を擁する組織である。FPICの手助けを受けながら、少しずつでも徐々に子らと父との面会交流を実現していくことが、子らの将来の福祉に適うものであることは明らかである。そもそも、母は、自分は面会交流を否定するつもりはないものの、子らが父との面会交流を嫌がっているので仕方がないと主張しているが、原審からの送達やFPICの関係職員に対しても、まったく誠意ある対応をとろうとしていない。本来ならば、母は、子らが父との面会交流を嫌がっても、根気よく説明し、父と直接交流して、わだかまりを解消できるよう努力すべきところ、子らを口実に、父が子らと会うのを妨げている。これを放置しておけば、明らかに子らの福祉が阻害されるのであって、もはや子らの現在の気持ちを尊重していればよいというものではない。したがって、子らが父との面会交流に消極的であるということは、面会交流を命ずる妨げにはならないと

いうべきである。

　このように認定したうえで、母がその義務を履行しないときに、間接強制を命ずることができるか否かを検討している。抗告審によれば、本件審判で面会交流が定められているとしても、当然のことながら、子らの利益が最優先されるべきである。本件では、上記のように、面会交流が子らの利益になるので、母は、できる限りの努力をして、面会交流の実現にこぎつけるべきである。しかし、母がそのような努力をまったくせず、面会交流を阻害しようとしている場合には、要件さえ整っていれば、間接強制をすることができる。その要件として、最高裁決定の次のような一節を引用している。

　　　監護親に対し非監護親が子と面会交流をすることを許さなければならないと命ずる審判において、面会交流の日時又は頻度、各回の面会交流時間の長さ、子の引渡しの方法等が具体的に定められているなど監護親がすべき給付の特定に欠けるところがないといえる場合は、上記審判に基づき監護親に対し間接強制決定をすることができると解するのが相当である。

　本件では、この要件がみたされているとして、間接強制決定をおこなった。[*13]

　整理しておこう。本決定は、まず、子の意思に反して面会交流を実施することが、子の利益または福祉に反するか否かを審理している。そして、反しないにもかかわらず、母が面会交流の実現を妨げている場合、最高裁決定が示した要件を債務名義である審判が充足していれば、その審判に基づき間接強制決定をすることができるとした。つまり、本決定は、間接強制の可否を決定する前段階として、子が拒否しているにもかかわらず、面会交流を実施することが、子の利益または福祉になるか否かを、間接強制決定手続の中で審理判断できるとの立場をとったと解される。[*14]そして、子が面会交流に消極的なことは面会交流を命ずる妨げにはならないと結論する過程で、子が「思春期に差し掛かっている」ことに言及している。ここから、子の年齢を考慮したうえでの結論だったことがわかる。したがって、本件は、最高裁決定の

射程は12歳と10歳の子には及ばないと解した裁判例と位置づけることができるだろう。

2. 大阪家決平28.2.1

本件は、7歳の子が嫌がったために、債務者が面会交流を命じる審判で定められた義務を履行できなかったことに対し、債権者が間接強制決定を行うよう求めたものである。

平成27年、債権者（父）と債務者（母）に対し、両名の間の7歳の子と債権者の面会交流に関し、面会交流を命じる審判（以下、前件審判）が行われた。前件審判手続に先立つ調停手続において、債権者と子との試行的面会交流が実施されたが、子は楽しそうに問題なく債権者と面会交流を行っていた。

ところが、前件審判にもとづき面会交流を実施する段階で、債権者と会うことを教えられた子が自宅を出るのを嫌がったために、子と同居している債務者は、引渡し場所に子を連れて行くことができなかった。そこで、債権者は、間接強制決定を行うよう申し立てた。

なお、家庭裁判所調査官は、子と面接したうえで、父子関係に問題はなく、当事者双方が定期的で円滑な面会交流を実施することの意義を理解し、早期に面会交流を実施することが望ましい旨記載した調査報告書を提出している。

債務者は、面会交流の実現のために誠実に対応しているが、現実に子を引渡し場所に連れていくことさえ困難な状況にあるので、債権者の申立てをしりぞけるよう主張していた。

裁判所は、まず、前件審判が面会交流の日時、各回の面会交流時間の長さ、子の引渡しの方法等を具体的に定めており、債務者がすべき給付の特定に欠けるところはないので、債務者に対し間接強制決定をすることが可能であるとする。つまり、上記最高裁決定の示した要件を、前件審判はみたしているとした。そして、債務者は、前件審判により、指定された日時と場所で、子を債権者に引き渡す義務を負っていたのに、その義務を履行しなかったと認定している。

そのうえで、債務者の上記主張については、次のように判断した。子が面会交流を嫌がったことは確かであり、また、債務者は義務の履行に向けて一定の努力を行っていることも認められる。しかし、このような事情があっても、子を監護する親としては、現在7歳である子に対し適切な指導、助言をすることによって、子の福祉を害することなく義務を履行することが可能である。なぜなら、2年前に実施された試行的面会交流では問題なく債権者と面会交流ができており、また、1年前に提出された上記家庭裁判所調査官による調査報告書は、早期に面会交流を実施することが望ましいと記載しているからである。

　以上の理由により、債務者の主張をしりぞけつつ、現在の子の状況等から審判で定められた面会交流の方法が適切でない場合.債務者は面会交流の調停等を申し立て、その手続において、より適切な方法を検討すべきである、と付言している。[*15]

　本件は、7歳の子の場合であり、同じ年齢の子について下された最高裁決定によれば、間接強制決定の可否は、前件審判が「給付の特定に欠けるところ」があるかないかによる。それ以外の要素を、本件で考慮する必要はない。したがって、「子が面会交流を嫌がった」という「現在の状況等」は、「面会交流の調停等」の手続で検討すべきである、と述べるだけでよかったはずである。しかし、上記のように、「現在の状況」に一定の考慮を払いながら、それでも「子の福祉を害することなく」面会交流を実施することが可能であるとして、債務者の主張をしりぞけた。裏を返せば、「現在の状況」が「子の福祉を害する」可能性を間接強制決定手続の中で、審理判断の対象とし、仮に「子の福祉を害する」可能性が認められれば、間接強制決定を行わない余地を示唆したと解することができるのではないか。だとすれば、本来は、調停等の別の手続で検討するべき事項であるが、ことが「子の福祉」にかかわることなので、当事者が「現在の状況」に依拠し、間接強制を行うべきではないと主張している以上、7歳の子の場合であっても、それをまったく考慮する必要はないとの立場をとらなかったということになる。

　それでは、これらの裁判例をふまえて、本題の考察に入ろう。「子の利益」を最大限確保するためには、子が面会交流を拒絶していること、またはその

意思に反して面会交流を実施することが子の福祉に反するおそれがあることを、どの手続で審理するべきなのだろうか。

Ⅳ　考察

1．調停または審判

　従来、「調停成立後の事情の変更により、面接交渉が子の福祉に反するに至ったと主張するならば、調停ないし審判を申し立て、面接交渉条項の取消しを求めるべきである」とした裁判例を嚆矢とし、子の意思や子の福祉に関する事項を審理する手続として、調停または審判が適していることには異論がなかった。上述のように、最高裁もそのことを追認するにいたったが、それではなぜ、この手続がすぐれているとみなされてきたのか。

　まず、この手続を推奨する論者は、執行手続である間接強制決定手続での審理に適さない理由を、次のように述べる。すなわち、子が面会交流を拒否している、または面会交流が子の福祉に反するとの主張は、債務名義に表示された実体的権利の当否についての争いと考えられるから、執行裁判所で判断できる事項ではない。また、債務名義として面会交流を認容する審判が確定している場合、その債務名義を作成した裁判所は、子が面会を嫌がるとしても、親権者の指導によってその意思を覆させることが可能であると判断したと解される。債務者は、債権者と子とを面会させるだけでなく、子の心情に十分な考慮を払って、面会を嫌がらないようにする義務を負っている。したがって、執行手続である間接強制決定手続で、このような主張を取り上げることは許されず、主張自体失当ということになる。最高裁決定により、「間接強制決定手続における子の拒否を主張すること自体が否定された」と解すれば、最高裁も、「主張自体失当」との立場を採用したことになろう。

　さらに、執行手続では、子の意思を把握するために、家裁調査官を活用できないという問題がある。家事事件手続法によれば、家裁は、「未成年者である子」が影響を受ける審判手続で、「子の陳述の聴取、家庭裁判所調査官による調査その他の適切な方法により、子の意思を把握するように努め、審判をするに当たり、子の年齢及び発達の程度に応じて、その意思を考慮し

81

なければならない」（同65条）。家裁は、この目的のため、「家庭裁判所調査官に事実の調査をさせることができる」（同58条）。これらは、調停の手続について準用される（同258条1項）。また、15歳以上の子に限られるが、民法766条2項により、子の監護に関する処分の審判をする場合、その子の陳述を聴かなければならない（同152条2項）。こうして、審判または調停手続では、家裁調査官を介して、子の意思を把握し、考慮することが、明文で定められている。

しかし、家裁調査官は、家裁で、「家事事件手続法で定める家庭に関する事件の審判及び調停に必要な調査」（裁判所法31条の3第1項）を掌るが、執行手続との関係では、その旨の定めがない（同61条の2第2項）。家事審判および調停以外に、家裁調査官が関与できるのは、離婚等の附帯処分および親権者の指定についての裁判（人事訴訟法32条1項）と、少年法で定める少年の保護事件の審判であり、高裁でも同じ事務を掌る。このように、家裁調査官の関与できる事件が明確に規定されていることから、家裁調査官は執行手続である間接強制手続には関与できないと考えられてきた。

また、間接強制決定をする場合、申立ての相手方を審尋しなければならないが（民事執行法172条3項）、この「相手方」に子は含まれないと解されている。それでは、「執行処分をするに際し、必要があると認めるときは、利害関係を有する者その他参考人を審尋することができる」とする規定（民事執行法5条）を活用できないか。この場合、「利害関係を有する者その他参考人」に子があたるとしても、子が思ったことを素直に表現できる雰囲気を確保できる手続ではないことが問題となる。結局、間接強制決定の審理に際して、手続法上、「子の意向調査をすることは予定されていない」のである。

それゆえに、子の意思や子の福祉に関する事項を審理する手続としては、調停または審判がすぐれていると解されてきた。これらの手続では、上述のように、家裁調査官を介して子の意思を把握することが可能であり、また、債務名義の根本となる実体権にまでさかのぼって審理することもできる。その結果、子の意思を十分考慮し、子の福祉に適う面会交流条項を定め、新たな債務名義を作成するという道も開かれるからである。もっとも、調停または審判を申し立てるだけでは、執行は停止されない。執行を停止させるに

は、あわせて調停または審判前の保全処分（家事事件手続法105条1項）を申
し立てる必要がある。[28]

　しかしながら、調停または審判には難点もある。たとえば、間接強制決定
が行われてから、調停または審判を申し立てた場合、上述の保全処分が認め
られなければ、間接強制金が累積し、苛酷執行になりうる。養育費の支払請
求権を受働債権とする相殺は禁止されると解されていることから、このよう
な事態が生じうる可能性は十分にある。[29]

　また、再度の調停や審判では、当事者間の不信感や裁判所に対する不信感
が高まっているおそれがあり、結局、面会の実現に繋がらない可能性を否定
できない。[30]これでは、抜本的な解決にならない。調停または審判の有用性が
説かれてきたものの、他の手続の可能性が模索されてきたのは、このような
難点があるからである。

２．請求異議の訴え

　そこで、調停または審判とならんで、請求異議の訴えを活用することの可
否が検討されてきた。すなわち、「子が実親に対し、従前の養育態度などに
起因する強い拒否的感情を抱いていて、面接交渉が子に情緒の混乱を生じさ
せ、子と監護者実親との生活関係に悪影響を及ぼすなど、子の福祉を害する
恐れがある場合」、それは請求異議の事由として主張し得るに足る「正当な
理由」とする。[31]この枠組みを採用する裁判例が「主流」[32]とされる。[33]また、同
様の立場を採る学説が、通説ないし有力説とされていた。[34]

　請求異議の訴えとは、債務名義に係る請求権の存在または内容について異
議のある債務者が、その債務名義による強制執行の不許を求めるために提
起するものである（民事執行法35条1項）。債務名義につき、その執行力の排
除を求めうる理由となる事実が、請求異議の事由である（同35条2項・3項）。
債務名義の表示にかかわらず、表示どおりの内容の請求権が存在しないとい
う、名義と実体状態との不一致は、請求異議の事由となる。[35]また、強制執行
が信義則に反しあるいは権利の濫用として許されない場合、債務名義表示の
請求権が存在しない場合と異別に取り扱う理由がなく、請求異議の事由にな
ると解すべきであるとされる。信義則違背ないし権利濫用に当たるか否か

は、当事者間の権利関係の性質、執行に至った経緯その他、諸般の具体的事情を総合して判断するほかはない。[36]

民法766条1項により、面会交流は「子の利益を最も優先して考慮」したうえで定められなければならない。その意味で、面会交流権は子の福祉によって大きな制約を受ける権利である。また、家庭裁判所の乙類審判は非訟の一種なので既判力はないが、面会交流のような継続的な法律関係を規律する審判については、通常は審判後の事情の変更がない限り、先行する審判を変更できないと解されている。したがって、これらの事情に照らして、債務名義である面会交流審判のなされた後に事情変更があり、その審判の命じる面会交流を間接強制によって強制することが子の福祉を著しく害するような事態になった場合、当該強制執行は権利の濫用または信義則違反となる。それゆえ、債務者が間接強制を命じることが子の福祉に反すると考えるならば、「請求異議の訴え」を起こし、その手続でかかる事情を審理判断するのが妥当ということになる。[37]子の意思に従わざるを得ない年齢の場合も同様であって、現行法上は、義務者は、請求異議の訴えを起こして、面会交流の「義務」がないことの確認を求める以外にない。[38]

もっとも、子の福祉に反するか否かを請求異議事由と位置づけた場合、本来非訟事項である審理対象事実を訴訟の要件事実として民事訴訟法の規制に従って審理すべきこととなる。この点は、まさに「子の監護に関する処分（面会交流）」申立事件の審判事項だからである。それゆえ、「子の福祉」という「デリケートな問題」を、「弁論主義によって十分な審理ができるのか」との懸念が示されていた。[39]

そこで、「弁論主義の弊害を少なく」[40]するために、これらの事情は請求異議事由にあたらないとの見解も示されている。すなわち、面会交流と同じ乙類審判事項である婚姻費用分担では、調停または審判により義務が具体的に形成され、実体上事情変更が生じたとしても当然に義務の内容に変更が生ずるものではないことを理由に、事情変更は請求異議事由にならないとの説が有力である。[41]面会交流も同様に考えれば、事情変更は請求異議事由にあたらず、事情の変更によって子の福祉を害することとなったという主張は調停または審判で取り扱われることとなる。請求異議の訴えは、子が入院したため

に面会交流が不可能になった、または間接強制決定後に面会をさせたなどの場合に、個別の場面での執行力を排除する機能を有するにとどまる。[*42]この場合、請求異議の訴えの対象は面会交流を許すべきことを命じた債務名義（審判や調停調書）そのものではなく、間接強制決定であるとされる。そして、原審・原々審とは異なり、調停または審判にのみ言及し、請求異議の訴えには言及しなかった最高裁の態度は、請求異議の訴えの対象を限定するこの説を採用することの表れとみる説もある。[*43]

　また、最高裁は、請求異議の訴えには、家裁調査官が関与できないと解されることから、「子の意向に関する審理は請求異議訴訟の手続にはなじみにくいとの考慮」[*44]を働かせ、この問題を審理する手続として、請求異議の訴えは少なくとも最適な方法ではないと考えるのではないかとの推測もよんでいる。[*45]これらの見方によれば、最高裁は、子が面会交流を拒否していることは、①執行裁判所が間接強制決定を行うことを妨げる事由にはならない、②債務者が調停または審判を申し立て、債務名義の変更を求める事由にはなる、③請求異議の訴えを申し立てる事由にはならない、との判断を示したことになる。そして、請求異議の訴えとの関係で指摘されてきた疑問や難点に鑑みれば、このような最高裁決定の態度には「相当な合理性がある」と評価されていることから、[*46]少なくとも、子の意思や子の福祉を審理する手段として、請求異議の訴えは最適ではないとの見解が広く支持される可能性は低くないように思われる。

3．間接強制決定手続

　これに対し、間接強制手続で、子の意思や子の福祉に関する主張を審理判断の対象にするべきであるとの説もある。

　平成14年の神戸家裁決定は、代表的な初期の裁判例である。裁判所は、「正当の理由」または「特別の事情」がない限り、債務者に対し、間接強制として、その義務の履行を確保するために相当と認める額の金銭を債権者に支払うべき旨を命じるべきであるとした。ここで、「正当の理由」とは、主として子および面接交渉をさせる義務を負う監護者実親の側における、間接強制を不相当とすべき諸事情をいう。たとえば、子が実親に対し、従前の養

育態度などに起因する強い拒否的感情を抱いていて、面接交渉が子に情緒的混乱を生じさせ、子と監護者実親との生活関係に悪影響を及ぼすなど、子の福祉を害する恐れがある場合、監護者実親は間接強制を拒むことができる。また、「特別の事情」とは、主として非監護者実親の側における、間接強制を不相当とすべき諸事情をいう。たとえば、面接交渉が、もっぱら復縁を目的とするものであるとか、その方法、手段が不適当であるなど、面接交渉が権利の濫用に当たる場合である。このように述べたうえで、「正当の理由」の存否を、間接強制決定手続のなかで審理した。[*47] このほか、子が面会交流を拒絶し、かつ面会交流を避けるべきであるとの医師の診断があるので面会させなくとも不履行にはならないとの主張を、間接強制決定手続のなかで審理した裁判例もある。[*48]

　間接強制決定手続での審理を肯定する論拠としては、「債務者保護及び手続経済[*49]」、間接強制が苛酷執行になりうること[*50]が挙げられている。間接強制が苛酷執行になりうるのは、次のような事情による。面会交流は、「子の成長に合わせて弾力的に内容を変容していくべき性質のもので財産権よりも不当執行が生じる可能性が高い[*51]」。また、調停や審判を申し立てても、同時に保全処分を申し立て、それが認められなければ、間接強制の執行を停止できない、それゆえ、間接強制の決定が先行すると、間接強制金が累積し、苛酷執行になりうるのである。

　これらの点を考慮して、「特段の事情」、すなわち「子の拒絶の意思が強固なことが明らかで」、子の年齢など「他の判明している事情を総合的に考慮し」、「間接強制によることが子の福祉に適わず不適当である場合」、間接強制を発令すべきではないとする学説がある。それによれば、最高裁決定はこうした扱いを否定する趣旨ではなく、事案に応じた「原則的な扱いを示すにとどまるもの」とされる。[*52] さらにすすめて、最高裁は、この問題については何も判示しておらず、その判断を留保し、「今後も実務の運用に委ねた」との見方を示す学説もある。この説は、そのような前提にたったうえで、最高裁が同日の別の事件で、「間接強制を許さない旨の合意が存在するなどの特段の事情がない限り」、間接強制決定をすることができると述べていること[*53]に着目する。この一節から、子の拒絶の意思が強固なことと、他の事情を総

合的に考慮したうえで、間接強制が子の福祉に適わず不適当とみなされる「特段の事情」も、間接強制発令段階で判断できるとする解釈の方が、最高裁の立場に「親和的」であるとの結論を導く。[*54]

　また、間接強制が子の利益に反すると主張する債務者は、本来、請求異議の訴えを申し立てるべきであるが、次のような主張をすることによって、間接強制申立ての却下を申し立てることができるとする説もある。すなわち、①履行すべき義務の消滅等が一義的に明白である場合には、間接強制の申立てに対する債務不履行の不存在を主張する、あるいは②明らかに子の利益に反する事情が間接強制申立時に存在する場合には、申立ての権利濫用等を主張することができる。[*55]たとえば、債務名義が考慮していない新たな事情が発生した場合や、子の年齢や発達段階などを考慮するとともに、親権者が債務名義を尊重して子を指導したとしても、子の福祉を害することなく、債務を履行することができない場合である。これらの事由を主張する債務者は、面会交流を実施した場合に子に与える影響の内容、程度を具体的に立証しなければならない、とされる。[*56]

　このほか、代替執行や間接強制が問題となる状況においては、債務名義上に表示された権利義務に対する判断は中間的なものに過ぎず、執行手続内で判断を更新し直す余地があるから、間接強制決定を妨げる理由となりうるとする説[*57]や、「間接強制は債務名義を作成した裁判所が執行裁判所になるという特殊性がある」として、審理判断の対象にできるとの「肯定説も十分にあり得る」との説もある。[*58]

　さて、以上のような議論をふまえて、「実務上、間接強制発令段階で子の意向調査も含めてこれらの事由（「面会交流につき間接強制をすることが子の福祉に反する」か否か＝筆者注）を判断している事例がある以上、この手続（間接強制決定手続＝筆者注）において審理判断することが必ずしも不可能であると言い難いことから、当事者の意向に応じて、これを間接強制発令段階で判断することも、認めてよいのではないだろうか。」との見解が示されている。[*59]はたして、このように結論することは妥当だろうか。検証してみよう。

　まず、管見の限り、「間接強制発令段階で子の意向調査」を行った事案が

ないことはすでにふれた。上記の学説が、間接強制発令段階で子の意思や福祉に関する主張の当否を判断した事案として挙げているのは、①神戸家決平14.8.12、②大阪高決平19.6.7、および③甲府家決平23.10.19である。これもすでに見たように、①は確かにそのような事案として位置付けることができるだろう。しかし、②は、「面接交渉を実現すると子の福祉を妨げる事情」として主張された「子の拒絶意思」について、実質審理を行わず、面接交渉を拒否し得る阻害事由に該当するものではないとしている。[*60] 同様に、③も、子の拒絶と面会交流を避けるべきであるとの医師の診断は、間接強制申立ての却下を求める理由とはならないとしている。[*61] このように、②と③は、間接強制発令段階で子の意思や福祉に関する主張の当否を判断した事案とは言えない。

とはいえ、前章でみた①を含めて、子の意思や福祉に関する主張の当否を判断した事案は少なくとも4件あり、その可能性を示唆したと解されるものを含めれば5件ある。[*62] しかも、最高裁決定後の事案が2件ある。それゆえ、間接強制決定手続で子の意思や福祉に関する主張を「審理判断することが必ずしも不可能であると言い難い」との結論自体は首肯できる。しかし、そこから、「当事者の意向に応じて、これを間接強制発令段階で判断することも、認めてよい」とまで言えるだろうか。従来の議論や民事執行法の建前に鑑みれば、「当事者の意向」に加えて、審理判断することを是とするに足る別の理由が必要ではなかろうか。

上述のように、別の理由として、最高裁が、別の決定で、「間接強制を許さない旨の合意が存在するなど」の「特段の事情」がなければ、間接強制決定をすることができると判示していることが挙げられている。しかし、最高裁は、当事者の合意に反してまで、間接強制決定を行うことはないという、至極当たり前のことを述べたにすぎないと思われ、また、いずれにせよ、この意味での「特段の事情」と子の拒絶の意思が強固なことと、他の事情を総合的に考慮したうえで、間接強制が子の福祉に適わず不適当とみなされるという意味での「特段の事情」とは、質的に異なる。前者は実質審理を要しない。したがって、前者についての審理ができるからといって、後者についての審理もできることにはならない。最高裁決定のこの一節は、後者に関する

主張を、間接決定手続で審理判断できるとする解釈を裏付けるに足る根拠にはなりえない。

　「債務者保護」や「手続経済」、さらには「間接強制が苛酷執行になりうる」ことなどの理由付けも、傾聴に値するものではあるが、必ずそうなるわけではなく、決定打に欠ける。そこで、「子が面会交流を拒絶している」、または「子が拒絶しているにもかかわらず、面会交流をさせることは子の福祉に反する」ので、「債務者の意思のみによって実現できない債務」になっていると主張される場合に限り、間接強制決定手続で、子の意思や福祉を「間接的に」審理判断の対象にすることは許される、と解することはできないか。以下に、この結論にいたった理由を示す。

　現行の民事執行制度は、独立の執行機関として執行官をおくとともに、受訴裁判所とは制度的に区別された執行裁判所をして執行に専念させることによって、迅速かつ能率的な執行をはかっている。これらの執行機関が、執行債権の存在を確定するための実質的審理を行わず、直ちに執行できるようにするため、債権者には権利の存在を高度の蓋然性でもって証しうる「名義」とよばれる文書を提出することが要求されている。これが、債務名義（民事執行法22条）であり、調停調書もそのひとつである。*63

　民事執行を停止させる、または取り消させるためには、執行反対名義の提出が要求されているのも、これとまったく同じ理由による。すなわち、執行機関が、執行の阻止や排除を求める主張を実質的に審理することになると、迅速かつ能率的な執行を期待しえなくなるからである。それゆえ、執行債権の不存在等を高度の蓋然性でもって証しうる文書が提出された場合に限って、執行機関は、民事執行を停止しあるいは取り消すのである（同39条、40条）。*64

　したがって、債務名義成立時には存在したがその後消滅した場合や、内容および態様が変化した場合でも、債務者が反対名義を提示しないかぎり、債務名義の執行力は当然には消滅せず、変更もされない。これらの場合でも、執行機関が債務名義に基づいてなす強制執行は、手続法上は有効かつ適法である。*65　反対名義を得るには、上訴・異議・再審などによって債務名義自体を取り消しまたは変更する裁判を提起する必要があるが、調停調書など裁判以

外の債務名義については、上訴・異議の手段がなく、再審規定の準用ないし類推の可否についても見解は一致しない。それゆえ、反対名義形成のための独立の手続として、請求異議の訴えが認められている。ここでは実体権の存否または内容を確定しなければならないので、必要的口頭弁論に基づき判決で裁判するのが適当とされる。民事執行法が、上記の理由で、裁判以外の債務名義の成立について請求異議の訴えを認めていることから、裁判以外の債務名義について、請求異議の訴えは準再審の機能をもつ。[*66]

　従来「主流」だった裁判例や「通説」または「有力説」は、このような民事執行法の基本原則にしたがい、まさに教科書通りの対応を示してきたと言える。そして、裁判以外の債務名義について請求異議の訴えが認められた経緯や、それが準再審の機能をもつことから、請求異議の訴えの活用に力点がおかれていたのも十分に理解できる。[*67]

　繰り返し確認してきたように、最高裁決定は、「子が非監護親との面会交流を拒絶する意思を示していることは」、審判時と異なる状況が生じたといえるときは調停や審判を申し立てる理由となり得るが、この審判に基づく間接強制決定をすることを妨げる理由にはならないとしている。少なくとも、この一節から、間接強制決定手続で、子の意思を審理判断の対象にすることができるとの結論を積極的に導き出すことはできない。民事執行法の基本原則に照らしつつ、素直に読めば、やはり間接強制決定手続で、子の意思に関する主張を行うことは、それ自体失当との結論になる。

　この点との関係で、いまいちど大阪高決平成24.3.29を見てみよう。

　本決定は、面会交流が、債務者の意思のみによって実現できる債務であるか否かを判断している。そして、子が面会を拒む意思を強固に形成している、債務者にさらなる努力を強いることは相当でない、努力を強いても奏功する見込みがない、という諸事情を考慮して、間接強制を認めなかった。

　しかし、決定文中に、これらの諸事情により、面会交流を行わせることが「子の福祉に反する」との文言はない。裏を返せば、執行手続で、間接強制決定を妨げる事由として、子の意思や福祉に関する主張をする場合、このような構成をとらない限り、それらは審理判断の対象にならないことを示唆している。執行裁判所としての制約から、正面から実体審理を行うことは控

えざるを得ないが、面会交流にあたっての子の福祉の重要性に鑑み、それをまったく考慮しないわけにはいかない。そのような観点から、本決定は、「子が面会交流を拒絶した場合の対応の仕方について[*68]」判示した裁判例と評価することができるのではなかろうか。そしてこれは、面会交流にあたって子の利益が最優先されなければならないという要請と、民事執行法の諸原則の遵守という狭間に置かれた執行裁判所が、相応の説得力をもってとりうる対応と考える。

　そうすると、「子が面会交流を拒絶している」、または「子が拒絶しているにもかかわらず、面会交流をさせることは子の福祉に反する」から、面会交流義務を履行しないことが正当化されると主張するのではなく、かかる事情により、「債務者の意思のみによって実現できない債務」になっていると主張しなければならない。このように構成された主張ならば、「子の利益」に妥当な考慮を払いつつ、かつ、執行裁判所としての権限を逸脱することもなく、間接強制決定手続で、子の意思や福祉を間接的に審理判断の対象にすることが許されると思われる[*69]。

　翻って見れば、前章でみた事案を含めて、子の意思に反して面会交流を実施すること、またはそれが子の福祉に反するとの主張を、間接強制決定手続で容れ、間接強制決定を行わないとした裁判例がないことも理解できる。執行制度の趣旨を考えると、債務名義作成過程で明白な瑕疵でもないかぎり、この種の主張を、間接強制決定を妨げる事由として認めさせるのは容易ならざることである。しかし、自己の意思を表明できる子が嫌がっているにもかかわらず、その意思に反して無理やり面会させることは、子の福祉に反する可能性が高い。それゆえ、この場合、債務者が面会交流の実現に向けて相応の努力をしているにもかかわらず、子の意思が面会を妨げているならば、債務者の意思のみで履行できない債務になっているとの主張をあわせて行い、こちらに力点をおくことも一考に値する。このように構成することで、現行法の枠内にとどまりながら、子の意思に妥当な考慮を払ったうえで、子の福祉に適う結果を導くことができると考える。

V　おわりに

　以上のように、大阪高裁決定と最高裁決定は、判断にあたって異なる枠組みを設定している。したがって、最高裁決定によっても、大阪高裁決定の「指導的立場」や「規範的効力」は失われていない。その意味で、本決定は、子が面会交流を拒絶した場合の対応の仕方について「真正面から判示する数少ない裁判例として希少価値」があり、「子の利益」とは何かという問題に関連する重要な論点について、「今後議論されるべき課題を提供したものとして意義深い」との評価は妥当と考える。

　さしあたり、議論されるべきは、債務名義として面会交流認容の審判が確定していること、あるいはその旨の調停調書が成立していることの意味である。従来、これは、次のように理解されてきた。すなわち、債務名義作成裁判所は、子が面会を嫌がるとしても、親権者（監護者）の指導によって、その意思を覆させることが可能であると判断したのであって、なお、債務者の意思のみによって実現可能な作為である、と。最高裁決定は、子が面会交流を拒絶する意思を示していることは、間接強制決定をすることを妨げる理由とならないのは、「子の面会交流に係る審判は、子の心情等を踏まえた上でされている」からであるとしたのも、審判が確定していることの意味を、このように理解しているからだろう。

　確かに、このように解して差し支えない場合もあるだろう。しかし、子の心情は常に同じではない。審判時と間接強制決定時ともに、子が面会交流を拒絶する意思を表明しているとしても、「その態様、程度及びそこに至る過程や理由等が異なり、債務名義作成段階の判断が、明らかにそのまま妥当しない事態もあり得る」。大阪高裁決定は、この点を考慮し、従来の理解に一石を投じたものと解される。そしてそれは、次のような面会交流の特質から、評価に値するものである。そもそも、面会交流は将来の関係形成に関わり、またその義務の本質は「時々刻々変化する変動的・流動的債務」であるとされる。民法766条3項が、「家庭裁判所は、必要があると認めるときは、前2項の規定による定めを変更し、その他子の監護について相当な処分を命ずることができる。」として、処分変更の制度を用意しているのは、その証

左である。[*75]

　多くの論者が指摘し、また最高裁決定を含めて多くの裁判例が示唆するように、このような変化が発生したか否か、発生していたとして、それが面会交流の実施に及ぼす影響を判断するには、家裁調査官の関与が認められる調停または審判手続が望ましい。しかし、往々にして、「面会交流を実施することが監護者（通常母親）のみに譲歩を強いることとなり、結果的に子どもにとっても、不幸な事態を招いてしまうことを否定できない[*76]」とされる。そうであればなおさら、間接強制決定手続でも、変化に対応できる余地を残しておくことの意義は少なくない。監護者の負担を減らし、そのような事態を回避する手段になりうるからである。これもまた、「最も優先して考慮されるべき」「子の利益」を最大限確保するための手続のひとつとして位置付けることができるようになる。

　最後に、冒頭提起した疑問に答えておこう。最高裁決定の射程が、10歳以上の子には及ばないと解する余地は十分にある。家事事件手続法65条および258条1項からも、10歳以上に達した意思能力がある子であれば、原則として子が実際に表明した意思を尊重すべきだろう。軽々しく、その意思を親権者（監護者）の指導によって覆させることが可能であると判断してはならない。そのようなことをすれば、「子の人格を傷つけてしまうことになりかねない[*77]」。他方で、この時期の子の成長度は、個人差が激しい。

　8歳や9歳の子であっても、10歳の子に劣らない意思能力を持っている可能性もある。その点を考慮すれば、10歳は一応の目安であって、10歳以下の子の意思をどの程度考慮するべきであるかは、個別の事案で慎重に判断するほかないだろう。これも今後議論されるべき課題のひとつである。

注

*1　野村秀敏「面会交流の審判・調停調書に基づく間接強制決定の可否」民商149巻2号（以下、「野村・最決判批」）175頁、釜元修＝沼田幸雄「面接交渉と強制執行」『家事事件の現況と課題』（判例タイムズ社, 2006）186頁、榮春彦＝綿貫義昌「面接交渉の具体的形成と執行」野田愛子＝梶村太市編『新家族法実務大系(2)』（新日本法規, 2008）342頁。同様の判断を示した裁判例として、東京高決平

24.1.12家月64巻8号65～66頁。本件の評釈として、同「面会交流を命ずる決定に基く間接強制の可否」民商147巻4・5号（以下、「野村・東京高決判批」）476～483頁（特に、479～480頁）。

*2 野村・最決判批・前掲*1 175頁。

*3 最決平25.3.28判タ1391号125頁。

*4 栗林佳代「離婚後の親権者が元夫と子の面会交流を履行しない場合と間接強制」私法判例リマークス51号（2015（下））75頁。

*5 大阪高決平24.3.29判時2288号38頁。

*6 「面会交流の間接強制の申立てを却下した大阪高裁平成24年3月29日決定」https://www.o-basic-rikon.net/column/24329.html および「面会交流の間接強制に制限を加えた高裁が公表」http://rikonweb.com/shinken/2236.html を参照。

*7 面会交流の要領は、次のように定められていた。

(1) 頻度、日時
毎月1回、第3日曜日。

(2) 時間
第1回目ないし第6回目は午前11時から午後2時までとし、第7回目以降は午前11時から午後5時までとする。

(3) 引渡し場所
○○駅改札
ただし、債務者と債権者が合意した場合、これを変更することができる。

(4) 引渡し方法
債務者は、面会交流開始時刻に未成年者を引渡し場所で債権者に引き渡し、債権者は、面会交流終了時刻に未成年者を引渡し場所で債務者に引き渡す。

(5) 第三者の立会い
債務者及び債権者は、いずれもその委任した弁護士を面会交流に立ち会わせることが出来る。
債務者及び債権者は、その委任した弁護士を面会交流に立ち会わせる場合は、事前にその旨を相手当事者に通知する。
神戸家決平24.2.16判時2288号38頁。

*8 同上、38～40頁。

*9 大阪高決・前掲*5 36頁。

*10 「面会交流の間接強制の申立てを却下した大阪高裁平成24年3月29日決定」前掲*6。「一般的に10歳前後に子の意思能力が備わるという見解に従えば、最高裁決定は10歳未満の子についてはたとえ拒絶の意思を示していても、その意思表示は完全な意思能力下のものではないから、それに従う必要はないとしたもので、その射程距離は10歳未満の子についてのみ妥当すると解する余地があろう」との指摘もある。匿名コメント「間接強制命令を発するためには、債務者の意思のみによって実現できる債務であることが必要であるとして、面会を拒む意思を強固に

形成している10歳の長女との父子面会につき間接強制を命じた原判決を取り消して間接強制の申立てを却下した事例」判時2288号37頁。

*11　「面会交流の間接強制に制限を加えた高裁が公表」前掲*6。

*12　さいたま家決平25.10.25判時2232号32頁。

*13　東京高決平26.3.13、同上26頁。

*14　それゆえに、「子の拒絶の意思の取り扱いについて若干の疑問の余地がないわけではない」と評されている。栗林・前掲*4。

*15　大阪家決平28.2.1判タ1430号252頁。

*16　大阪高決平15.3.25家月56巻2号158〜159頁。

*17　安西明子「子の拒否を主張する手続」『手続からみた子の引渡し・面会交流』（弘文堂, 2015）150頁、池田愛「監護親に対し非監護親が子と面会交流をすることを許さなければならないと命ずる審判に基づく間接強制の可否［最高裁平成25.3.28決定］」同志社法学66巻2号（2014）498頁。事情変更により、面会交流を命ずる審判またはその旨を定める調停の取消しまたは変更について、明文の規定はない。しかし、通説は、法律の規定がない場合であっても、継続的法律関係に関してなされた非訟事件の裁判については、事情変更による取消しが認められると解している。同上、516頁注57、越山和広「非訟裁判・家事審判の既判力」法学雑誌（大阪市立大学）55巻3＝4号746頁（2009）、梶村太市＝徳田和幸『家事事件手続法（第2版）』425頁（有斐閣, 2007）〔大橋真弓〕、梶村太市『新版実務講座家事事件法』107頁（日本加除出版, 2013）。面会交流事案も「継続的法律関係」に関する非訟事件なので、事情変更による取消しまたは変更を求める審判または調停を申し立てることができると解されてきたように思われる。

*18　高部眞規子「監護親に対し非監護親が子と面会交流をすることを許さなければならないと命ずる審判に基づき間接強制決定をすることができる場合」法の支配172号107頁。

*19　釜元＝沼田・前掲*1　185〜189頁。

*20　安西・前掲*17　150頁。野村・「最決判批」前掲*1　178頁、栗林・前掲*4　74頁、高部・前掲*18、山木戸勇一郎・法学研究〔慶応義塾大学〕87巻4号（2014）49頁。

*21　必要的な意見聴取が15歳以上の子に限られているのは、意見や意向を表明できる能力を考え明確な基準を設ける趣旨であり、15歳未満の子の意思把握は同65条によるとされることは、金子修編著『一問一答家事事件手続法』（商事法務, 2012）35頁。実務運用につき、石垣＝重高・法曹時報66巻10号2756頁、水野＝中野・法曹時報66巻9号2390頁、2395頁、2398頁。

*22　榮＝綿貫・前掲*1　343頁、釜元＝沼田・前掲*1　187頁、池田・前掲*17　508頁、本間靖規「面会交流の調停審判と間接強制」平25重判解・ジュリ1466号154頁、上向輝宣「民事判例研究」北大法学論集64巻6号（2014）212頁。

*23　釜元＝沼田・前掲*1　187頁。

*24　同上、上向・前掲*22。この点につき、「間接強制の審尋手続で、家裁調査官による調査も活用して子自身の意向を聴取し、実体審理の裁判に近い審理をしている」例や、「抗告審たる高裁でも家裁調査官を利用している」例があるので、「調査官の利用はそれほど無理なこととも思われない」との指摘がある。安西・前掲*17　153頁。前者の例とされる事案のうち、①大阪高決平14.1.15の受差戻審には、その旨の記載はないが、②神戸家決平14.8.12には、「当裁判所調査官の未成年者に対する心理テスト（文章完成法及びCCPテスト）及び観察、聴取の結果」との記述がある。神戸家決平14.8.12家月56巻2号154頁。
　　　ここに着目し、②については、「面会交流に係る間接強制発令段階において、子の意向調査のために、家裁調査官が利用されたと思われる事例」との評価もある。池田・前掲*17　517頁注64。しかし、これは別件の離婚訴訟判決での事実認定を引用したものであって、間接強制手続で家裁調査官を利用し、子の意向調査をしたわけではない。また、後者の例とされる事案は、監護者指定および引渡しに係るものであり、裁判所法61条の2第2項の適用範囲内である。したがって、間接強制決定手続で、調査官の利用を認めるに足る根拠にはならない。東京高決平24.10.5判タ1383号330〜332頁。

*25　特に、調停は、調停委員会および家裁調査官等の家裁の人的資源をすべて活用できること、履行勧告とは異なり、前の調停等の内容に縛られずに調整を進められること、家裁調査官も面会交流の試行を含めた柔軟な調査活動ができることなどの利点があり、「面会交流の特質からすれば、強制執行よりも望ましい方法」とされる。榮＝綿貫・前掲*1　340頁。

*26　二宮周平「面接交渉権を行使できる者は、特別の事情がない限り、間接強制により権利の実現を図ることができるとした事例」判タ1150号106〜108頁、栗林・前掲*4。面会交流への理解を深める教育プログラムなどを利用できることも、利点の一つとされる。棚村政行「面会交流への社会的支援のあり方」家族26号（2010）77頁以下。

*27　安西・前掲*17　154頁、池田・前掲*17　508頁。子の意向を聴取できることに加えて、「当事者の関係調整、当事者間の手続負担の分配の観点から」、「子の拒否の主張手続として単に再調停・審判を優位に位置づけるのでは足りず、当事者間の交渉関係を断絶させず、債権者ではなく債務者に、その申立ての負担を転換するために、執行手続による誘因を準備しておく必要」が提唱されている。子が面会交流を拒否していると主張すれば、間接強制申立てが却下されるならば、債務者は、債権者が協議を要求してきたとしても、それに応じる必要はないので、当事者間の関係は断絶し、紛争が行き詰まってしまうからである。そこで、裁判所は、債権者が債務名義に基づき執行を申し立てた場合、債権者の手続負担はいったん果たされたとみて、間接強制決定をすべきことになる。この段階で、債務者が子の拒否を主張しても、その後の手続で債務者に協議を続ける動機、手続を起動する負担を課すために、そうすべきである。こうして、「当事者の交渉

促進」、「当事者の手続的な公平」および「手続負担の分配」という観点からも、子の意思や子の福祉に関する審理は調停または審判手続で行うべきである、とされる。安西・前掲*17　155〜156頁。傾聴に値する見解であり、また、面会が実現しないことにつき、もっぱら債務者に帰責事由がある場合には、妥当するように思われる。ただし、債務者は責務をはたしているが、それでも子の意思を翻意させることができない場合にも、債務者に起訴責任を転換させることは、「公平」だろうか。また、「当事者」に子は含まれていないことから、子の存在が埋没してしまうおそれがある。

*28　榮＝綿貫・前掲*1　349〜350頁注38、山木戸・前掲*20　59頁、上向・前掲*22　214頁。

*29　大濱しのぶ「子との面会交流を許さなければならないと命ずる審判に基づく間接強制が認められた事例」私法判例リマークス49号（2014（下））129頁。間接強制金は、「法定の違約金たる性質を有し、執行手段の方法として支払を命ずるものであるから、債務者は養育費支払債権など反対債権を持っていても相殺することができない」とされる。梶村太市『裁判例からみた面会交流調停・審判の実務』（日本加除出版，2013）303頁。

*30　榮＝綿貫・前掲*1　340頁、上原裕之「『面会交流・子の引渡』事件の実務」・前掲*17　94頁。

*31　大阪高決平15.3.25家月56巻2号159頁。

*32　同旨、岡山家津山支決平20.9.18家月61巻7号69頁、最高裁決定の原々審（札幌家決平24.9.12）および原審（札幌高決平24.10.30）。大阪高決・前掲*16を引用し、子の強い拒否的感情があるとしても、債務者によるその旨の主張は、請求異議の事由として主張するか、本件決定自体の取消ないし変更をすべき理由として、そのための手続内において主張するべきものであって、執行裁判所が判断することは相当でないとし、間接強制として、債務者に一定の金銭の支払いを命じること自体はやむを得ないとした裁判例もある。神戸家決平24.2.16（大阪高決・前掲*5の原審）判時2288号36頁。また、子が面会交流を拒絶していることや、面会交流を避けるべきであるとの医師の診断があることは、間接強制申立ての却下を求める理由とはならないとした裁判例もある。甲府家決平23.10.19家月64巻8号71頁。

*33　大濱・前掲*29　128頁、金亮完「面会交流を許さなければならないと命ずる審判又は面会交流を定めた調停調書に基づく間接強制の許否の判断基準」新・判例解説Watch14号（2014）112頁。

*34　安西・前掲*17　151頁。

*35　中野貞一郎『民事執行法』（青林書院，2006）234頁、中野貞一郎・下村正明『民事執行法』（青林書院，2016）227頁。たとえば、請求権の発生を妨げる事由（通謀虚偽表示、意思表示の要素の錯誤、公序良俗違反、代理権の欠缺など）、請求権を消滅させる事由（弁済、更改、免除、相殺、詐欺・強迫による取消し、消

減時効の完成、解除条件の成就、契約の解除など）、請求の効力を停止・制限する事由ないし責任の制限・消滅を生ずる事由（前者の例として、弁済期限の猶予、停止条件の付加、モラトリアム、後者の例として、相続の限定承認、破産・会社更生における免責）、請求権についての主体を変動させる事由（債権譲渡、交替的債務引受）などである。同上。

*36　同上、237頁。

*37　釜元＝沼田・前掲*1　187〜189、195頁。

*38　同上、195頁。中野貞一郎『民事執行法〔増補新訂6版〕』（青林出版, 2010）820頁、山木戸・前掲*20　65頁注31。

*39　釜元＝沼田・前掲*1　189頁。

*40　築＝綿貫・前掲*1　349頁注38。

*41　松田亨「婚姻関係事件における財産的給付と事情変更の原則」家月43巻12号35〜38頁。

*42　築＝綿貫・前掲*1　349頁注37。

*43　野村・最決判批・前掲*1　177頁。

*44　大濱しのぶ「面会交流の間接強制」法学教室判例セレクト2013〔Ⅱ〕（2014）34頁。

*45　大濱・前掲*29　129頁、本間・前掲*22、山木戸・前掲*20　59頁。

*46　野村・最決判批・前掲*1　177〜178頁。

*47　本件では、子は、債務者に対する忠誠葛藤から面接交渉を拒むに至ったのであって、子自身は、債権者に対し、否定的、拒否的な感情を抱いていないのに加えて、子が債権者との面接交渉の機会を持つことは、子の健全な発達、すなわち、子の福祉にとって有意義であり、債務者が面接交渉義務の間接強制を拒み得る「正当の理由」はないと判断された。
　　　神戸家決平14.8.12家月56巻2号156〜157頁。

*48　東京高決平2, 4.1.12家月64巻8号63〜66頁。

*49　大濱しのぶ『フランスのアストラント』（信山社, 2004）496〜497頁。
　　　また、論拠のひとつとして、エベルハルト・シルケン（石川明訳）「ドイツ民訴法における作為・不作為執行の今日的諸問題」法研74巻9号（2001）78頁以下および81頁以下を引用されている。

*50　犬伏由子「子との面会交流を許さなければならないことを命じた決定に基づく間接強制の申立てが認容された事例」私法判例リマークス47号（2013（下））73頁、大濱・前掲*29　129頁。

*51　築＝綿貫・前掲*1　349〜350頁注38。

*52　大濱・前掲*44、同・前掲*29　129頁。

*53　最決平25.3.28（第47号）判タ1391号129〜130頁。

*54　池田・前掲*17　508〜510頁。

*55　梶村・前掲*29　306頁、同「親子の面会交流原則的実施論の課題と展望」判

時2177号11頁、同「民法766条改正の今日的意義と面会交流原則的実施論の問題点」戸籍時報692号29頁。

*56　東京高決・前掲*48　65頁。

*57　野村・東京高決判批・前掲*1　482頁。

*58　山木戸・前掲*20　65頁注30。

*59　池田・前掲*17　508頁。

*60　大阪高決平19.6.7判タ1276号340頁。本決定は、面接交渉が子の福祉を害するとの主張の扱いについて「判断したものではないとみるのが自然」との評釈もある。大濱しのぶ「子との面接交渉を定めた調停調書に基づく間接強制の申立てが認容された事例」私法判例リマークス39号（2009（下））125頁。

*61　甲府家決・前掲*32　70〜71頁。本決定は、債務名義が、債権者との面会に子が明確に拒否的であることを十分にふまえて作成されており、そのような子に働きかけて債権者に対する拒否的感情を和らげ、円滑に子単独での面会交流を実現させることをも債務者に命じているものと解すべきところ、債務者が提出した診断書類は、そのような義務を債務者が十分に尽くしているとの認識に立ったものであるとまでは認められないとして、本文記載の結論にいたっている。したがって、「そのような義務を債務者が十分に尽くしているとの認識に立った」診断書類は、間接強制決定を妨げる事由になりうるとの判断を示したものと解する余地がある。同上、71頁。

*62　大阪高決・前掲*5、東京高決・前掲*48、東京高決・前掲*13、大阪家決・前掲*15。

*63　中野・前掲*35　26〜27頁。

*64　同上、27頁。

*65　同上、222〜223頁。

*66　同上、223〜224頁。

*67　同上、782頁注3a。

*68　匿名コメント・前掲*10。

*69　すでに、「審判後の新事情により、面会交流が義務者の意思のみでは実現しえないこととなった、またはその強制が子の福祉に反するようになったということは、面会交流義務の実現が不可能になったということなので、これによって面会交流義務は当然に消滅し、それは請求異議事由になる、との考えはありうる」ことが示唆されていた。野村「最決判批」、前掲*1　179頁注30。

*70　匿名コメント・前掲*10。

*71　釜元＝沼田・前掲*1　186頁。

*72　河野泰義「面会交流の間接強制」白鷗大学法科大学院紀要8号（2014）79頁。

*73　小池泰「非監護親と子の面会交流に関する審判にもとづく監護親に対する間接強制」ジュリ1466号94頁。

*74　梶村太市「面会交流原則的実施論批判に対する上原反論への再批判」常葉法学

3巻1号（2016）33頁。
*75　小池・前掲*73。
*76　相原佳子「面会交流の理論と実務『弁護士の立場から』」戸籍時報690号38頁。
*77　梶村・前掲*74　34〜35頁。

（第4章―初出／『桃山法学』第27号 p.67〜98）

第4章　父母離婚後の共同監護

──アメリカにおける展開を中心として──

I　はじめに

　アメリカでは、1960年代から離婚率が上昇し始め、1962年の離婚件数は約41万3,000件であった。現在では毎年150万人を超える子どもが、父母の離婚を経験している。1960年代には、90%を超える子どもが、実父母とともに生活をしていたが、今日では、実父母とともに生活をしているのは約40%に過ぎない。婚姻をした父母との間に生まれた子のうちの約10分の3が、16歳になる前に父母の離婚を経験する。子どもの約10分の1は、少なくとも16歳になる前に、ともに生活をしている親との離婚を2回経験している（婚姻前後の同居は計上していない）。1985年には、離婚親を有する18歳未満の子は1,200万人を超えていた。独身の女性が世帯主となっている家に住む18歳未満の子の割合は、1955年から1999年にかけて、9%から22.4%に上昇[*1]し、多くの子どもたちが父母の離婚を経験している。そのような境遇にある子と親の関係を維持するために、アメリカでは、親としての適正が否定されない限り、監護者とならなかった親には、原則として、訪問（visitation）が認められている。これは、わが国の面接交渉（現在の面会交流）にあたる制度である。さらに、離婚後の共同監護も認められている。

　わが国でも、昭和45年当時、離婚件数は9万5,937件（離婚率0.93──人口千対──）であったが、平成8年には20万件（離婚率1.66）を超え、平成16年には26万7,000件（離婚率2.12）となっている[*2]。また、親が離婚した未成年の子の数は、昭和45年当時8万9,687人（2.67──20歳未満人口千対──）だっ

たのが、平成7年には20万5,901人（7.26）。

　平成14年には29万9,525人（11.95）[*3]と、父母の離婚を経験する子は確実に増加している。わが国では、父母の離婚後に監護者とならない親と子との関係を少しでも維持させるために、面接交渉が利用されている。面接交渉に関する民法上の明文規定は存在していないが（注：2011年に明文化）、昭和30年代の終わりごろから家庭裁判所の審判例で認められるようになった。しかし、離婚後の共同監護についてはまだ裁判例においても認められていない。民法819条1項は、「父母が協議上の離婚をするときは、その協議で、その一方を親権者と定めなければならない。」とし、同2項で、「裁判上の離婚の場合には、裁判所は、父母の一方を親権者として定める。」としているため、離婚後は、父母の一方のみが親権者となるので離婚後の共同親権は認められない。しかし、民法766条において、子の監護者の指定については、父母の一方にのみ、その指定がなされるとの表現は存在しないゆえ、離婚後の共同監護は、解釈上可能ではないかという指摘が見られる[*4]。また、1994年に発表された法務省民事局参事官室による「婚姻制度等に関する民法改正要綱試案」では面接交渉の規定案（766条関係）の後注として、「766条の『監護』の範囲を条文上明記すべきかどうか、及び離婚後における父母の共同親権の制度（又は共同監護の制度）を採用すべきかどうかについては、今後の検討課題とする[*5]。」との表現が存在する。この点に注目し、わが国でも共同監護の制度が採用されれば参考になると思われるアメリカにおける離婚後の共同監護を紹介し、わが国における共同監護の展望を検討することにしたい。

Ⅱ　アメリカにおける共同監護の現状

1．単独監護制度下における監護者決定基準

（1）父親優先の原則

　ローマ法のもとでは家長は子に対して絶対的かつ排他的な権利を有しており[*6]、その影響をうけたアングロ・アメリカンのコモン・ロー上でも、古くは、子は父親の財産とみなされていた[*7]。そして、子の監護について紛争が生じた場合には、子は父親に属するものであるということが当然視されていた

ので、子の監護権は離婚後も父親が有していた。[*8]

(2) 母親優先の原則 (tender years doctrine)

　19世紀中ごろになると、都市化と産業化の発達により、父親が家庭の外で働いて収入を得、母親は家庭を守るという家族形態の変化により、監護権は必ずしも父親に与えられるものではなくなった。[*9] その影響を受けて、「父親優先の原則」にかわって現れたのが、「母親優先の原則」である。これは父親が家庭外で仕事に従事し、母親が子育てを担うという家庭状況下では、父親よりも母親のほうが子と接する機会は多く、子のニーズに応えてきている場合が多い。よって、父親よりも母親のほうが、子とより親密な関係を築いているということも多い。また、子が幼いとき (tender years) [*10] には、母子関係はその子の人格形成にとって必要不可欠であると考えられる。このような見解に基づき、子が幼い場合に、離婚後の監護者を決定する際には、まず母親が監護者として適格あるものと推定され、父親がそれに異論を唱える場合には、母親の適格性について反証を挙げなければならないというようになっていったのである。[*11]

(3) 個別的判断説

　20世紀中ごろまで、ほとんどすべての州で、幼い子は母親によって養育されることが最善であると推定される考えが発達してきた。しかし、1960年代から1970年代にかけて、母親優先の原則が各州で否定されるようになった。その原因として、まず第一には、社会における男性と女性の役割の変化である。女性の権利の拡張とともに、女性が社会進出をし始めたのである。第二に、各州で無責離婚 (no‐fault divorce) が認められるようになって離婚率が上昇していく中で、離婚した父母とその子どもの数が増加し、離婚後の子の監護について問題とされることが多くなってきたことが挙げられる。最後に第三として、性によって父母のどちらかに監護権を優先的に認めることは社会的に平等とは言えないと認識されるようになったことである。[*12]

　このような背景のもと、父もしくは母をその性によって優先するという原則のかわりに、裁判所は、次第に、ケース・バイ・ケースでそれぞれの子の

最善の利益に適うように監護者を決定するようになっていった。しかし、こ[*13]れにより離婚後の子の監護者が父母どちらにも推定されえないがゆえに、確固とした基準が存在しないまま子の最善の利益を決することは、裁判官を悩ますこととなった。[*14]混乱は、裁判官だけに見られるものではなかった。裁判官が何を基準に監護者を決定するのかを、父母が理解できないこともあったので、それにより監護紛争が長引き、結局その不安定な状況が子にとって精神衛生上有害となったのである。

　このような状況のもと、子の最善の利益論自体に疑問を投げかける見解も[*15]登場したが、これは一部の学説の支持をうけるにとどまった。そして、ケース・バイ・ケースで子の監護を決定することの難解さにたいする打開策として生み出されたのが、次に挙げる「主たる養育者優先の原則」であった。

(4) 主たる養育者 (primary caretaker) 優先の原則

　「主たる養育者優先の原則」とは、父母の一方が、婚姻中に主たる養育者として子の主な世話を担ってきたということを証明できる場合には、その親に監護権が付与されるというものである。主たる世話とは、食事の世話、入浴や身繕い、しつけや社会的な教育、読み書き算数といった初歩的な技能を教えることなどである。[*16]性を基準として監護権を付与するのではなく、家庭生活において、過去このような子に関する世話に従事してきた者は、将来的にも子のニーズに応える可能性が高いので、そのような者に主たる養育者として監護権を付与することは、子の最善の利益に適うとされたのである。

　「主たる養育者優先の原則」では、「母親優先の原則」とは違い母親だけに優先的に監護権を与えるのではなく、子の主たる養育者であった父親にも、主たる養育者優先の権利が認められるという利点があった。しかし、たいていの場合、父親が家庭外で仕事に就き、子の主だった世話をしてきたのは母親であったので、これは結局のところ「母親優先の原則」と大きな違いが見られなかったのである。[*17]また、一方の親に主たる養育者として単独監護権が付与された場合に、子が他方の親と親密な関係を維持することができないということが、問題となってきた。その問題の解決策として多くの場合、監護権を付与されなかった親に与えられたのが、訪問権 (visitation right) であった。

2. 訪問権から共同監護へ

　訪問権とは、離婚後に監護権を付与されない父母の一方が子と接触する機会を有しないということが、むしろ監護紛争を深刻化させる要素を持っており、同時に子の最善の利益に適うものではないということから、この離婚後の単独監護者決定の問題と子の最善の利益を調整する目的で、生み出されたものである[*18]。その内容としては、離婚後監護権を有しない父母の一方が、子との間で、訪問・電話・手紙・週末をともに過ごすことなどの権利を認められることである。

　しかし、このような訪問権だけでは、監護権を有しない親と子の親密な関係はあまり維持されないという問題が生じるようになった。その理由としては、訪問期間は親子が精神的に親密な関係を形成するには短すぎるし、また、監護権を付与されなかった親が、子の養育費を支払うという経済面以外に、子の主な身の回りの世話を実際にすることが認められないことや、子の将来にかかわる重大な決定を下すことに関与できなかったりするため、監護権を有しない親は精神的に満足できず、この訪問権の行使をしなくなっていくからであると考えられていた[*19]。そして、離婚後も父母双方と親密な関係を維持し続けることこそが、最も子の最善の利益に適うと考えられ、そのような訪問権の短所を補う監護形態として、また父母双方の親の権利および義務を離婚後も変わらず維持させる目的で、離婚後も父母双方が子の監護権を有するという共同監護が登場したのである。

3. 共同監護の形態

（1）監護とは

　監護は、子の居住地に関する権利だけではなく、子の世話・監督・教育・健康・宗教などに関する権利および義務を含む[*20]。

　離婚する父母が監護に関する取決めについて合意できない場合に、裁判官は、子の最善の利益に従い、子の監護に関して判断を下さねばならず、この際、裁判官は、子の成長を積極的に促進し、父母の離婚によって生じる心理的トラウマを軽減するような取決めを選択すべきであるとされている。たとえば、カリフォルニア州ではFamily Code3020条b項において、「立法府は、

父母が別居もしくは婚姻を解消した後も、子にその父母との頻繁でかつ継続的な接触を確かなものとするということが我が州の公の政策であり、またこの政策の実現のために、父母に子を養育する権利と責任を分担するよう促すことが公の政策であると認め、宣言するものである」と規定しており、これは、立法府が家族を保護しようとしていること、また裁判官にこの政策目標を推進することのできる取決めを選択するよう推奨していることと理解されている。[21]

(2) 監護内容

　監護はその内容から、法的監護（legal custody）と身上監護（physical custody）の2つに分類される。法的監護とは、子の健康・教育・宗教に関することなど、子を養育するにあたって決定すべき事項についての権利と義務を付与するものである。身上監護とは、通常子とともに生活し子の身の回りの世話をすることをいう。[22]

(3) 監護形態の分類

　現在実施されている監護形態は、単独監護（sole custody）と共同監護（joint custody）である。

a　単独監護

　単独監護とは、最も一般的に認められた監護形態で、父母の一方に親としての権利と義務を付与するものである。この単独監護は、法的単独監護と身上単独監護に分かれる。法的単独監護とは、親の一方のみに法的単独監護を認めることをいう。身上単独監護とは、子が一方の親の監督のもとでその親とともに暮らすことをいい、この場合、原則として、他方の親には訪問権が与えられる。[23]

　監護について争いがあるとき、父母双方ともに子の監護者として適格であると認められる場合には、裁判所は、どちらの親が頻繁で継続的な関係を非監護親となる親と子の間に認めるかを、監護権付与に関する判断の基準とする。一般的に、協力的な親のほうが単独監護権をえやすい、なぜなら、その

ような親は、非監護親と子との接触をより多く実施してくれると考えられるからである。[*24]

b　共同監護

　共同監護には、法的共同監護（joint legal custody）と身上共同監護（joint physical custody）の2つがある。これらの両方が父母双方に付与される場合もあるし、一方だけが父母双方に付与される場合もある。

　法的共同監護とは、父母のそれぞれが、子に関する教育や養育・宗教的教練・日常的な医療について同等の発言権を有し[*25]、これらのことを決定する際には、父母の協議が必要となる。たとえば、子を私立学校へ通わせるかどうか、宗教活動に参加させるかどうか、高額な歯の治療を受けさせるかどうかなどについては、父母の協議が必要となる。もっとも、子が宿題をしなければならないかどうかといったことや放課後課外活動に参加するかどうかなどについては、父母の協議は必要ではない[*26]。法的共同監護の取決めがなされている場合、身上監護を担っている親は、子の生活についての変化に関し法的共同監護が付与されている親に対して、通知する義務がある[*27]。

　身上共同監護とは、子とともに生活して世話をすることの分担を表し、言い換えれば、一般的に子とともに生活する者の交替を意味する[*28]。身上共同監護の目的は、子に父母双方とのバランスの取れた触れ合いの機会を与えることである[*29]。この身上共同監護には子が一定期間父母のそれぞれの家で父母の一方と生活をともにする形態もあれば、子が生活している家に、父母がそれぞれ一定期間生活しにくる「bird's nest（鳥の巣）」と呼ばれる形態もある[*30]。身上共同監護は、父母双方に子を育てることについての権利および義務を同等に与えるものであるが、必ずしも、父母双方が子とともに生活する時間が同等である必要はなく[*31]、子の最善の利益に適う方法で、また、親のスケジュールに合う方法で、父母それぞれが子と生活する時間は調整される。たとえば、カリフォルニア州では、身上共同監護が認められた場合、約70％の身上監護の時間を母親が担当し、残り約30％を父親が担当するという[*32]。身上共同監護の取決めのもとでは、子とともに生活をしている期間については、実際に監護をしている親が、子のしつけ、食事や洗濯などの身の回りの世

話、緊急の世話に関する即時的な日々の決定をすることになり、この場合、[*33]こういった事柄について、身上共同監護者である他方の親との協議は必要ではない。[*34]

(4) 共同監護の長所と短所

　共同監護の長所としては、次のようなことが挙げられる。子は、父母の離婚後も、父母双方から自分が愛され彼らから必要とされており、父母が懸命に自分の世話を共同で行っていこうとしていることを認識することができる。これは、子の自尊心を満たすことになる。そして、父母双方と親密な関係を継続することで、子は、父母双方を愛し、父母のそれぞれとともに過ごすことを父母双方が子に許していると感じることができる。その結果、離婚後も絶えず続く父母の争いに子がストレスを感じるということなどはなくなる。このように、共同監護には、父母の離婚によって生じる子の悲しみを軽減し、子の精神的安定を保つという効果がある。また、子の自立心や責任感を育む効果もあるという。[*35]

　共同監護の実施によって、離婚親も以下のような恩恵を得る。共同監護が実施される以前においても、父親は、訪問権により子と時間を共有することはできていた。しかし、これにより、父親は楽しい行事を盛り込むことに終始し、子の生活に関与するといった本来的な父親の役割を果たすことができなくなってしまっていた。その結果、父子関係は表面的なものとなり、子は父親の持つ価値観や世界観に触れる機会も少なくなってしまった。しかし、共同監護の実施により、離婚後も父親としての役割を果たすことができる、そして、離婚により、子の人生における自分の役割がなくなるのではないと感じた父親は、父親としての自覚と父子関係の維持に喜びを見出し、ひいては、積極的に子の養育費を支払うようになった（1991年の調査によると、子の養育費の不払いは約58億円であった。しかしながら、共同監護および面接交渉〔または共同監護と面接交渉のいずれか〕を認められた非監護親の場合その約79％が養育費を支払っていたのに対し、単独監護の場合には約56％の非監護親がこれを支払っていた。さらに、離婚後子について単独監護が取り決められた場合、監護権または訪問権を有しない父親のうち養育費を支払っ

た割合は約44.5％であったのに対し、共同監護を認められた父親から子とともに生活している母親に養育費を支払った割合は、約90.2％であった。[*36] また、監護について子の父親と分担することができるようになり、母親は自分のすべての時間を子の監護にあてる必要がなくなったことから、共同監護の実施は母親の自立にも貢献しているともいう。[*37]

　共同監護の短所としては、次のようなことがある。もし、父母の関係が子の監護について協議できないほど悪化してしまった場合、そのような状況下でなされる共同監護は子の生活を混乱させることになるし、子の精神衛生上も望ましいことではない。

　そして、いったん共同監護が実施されたにもかかわらず、父母の関係が悪化することにより共同監護を継続することができなくなった結果、父母の一方が監護権を失うようなことになれば、子に心理的ショックを与えることになる。なぜなら、一般的に、子はこれを自分がその親から拒絶されたと捉えるからである。[*38] したがって、いったん認められた共同監護を単独監護に変更するには、その変更を求める親のほうが、従前の共同監護の判決以降、父母や子の状況の変化が極めて著しく、共同監護の継続が子にとって有害となるということを証明しなければならない。[*39]

　このように、共同監護が成功するか否かは、父母が互いに協力することができるかどうかにかかっている。[*40]

4.　共同監護の動向

　1957年にノース・キャロライナ州が、離婚後も父母が自分たちの子の監護を共同で分担することが、明らかに子の最善の利益に適う場合には、共同監護を認めるという法律を制定した。[*41] そして、1980年代から、各州で同様の法律が制定され始め、45州以上が共同監護を認めている。[*42] しかし、すべての州が、カリフォルニア州のように共同監護形態として身上共同監護および法的共同監護を予定しているわけではなく、アイオワ州・オレゴン州・コロラド州・フロリダ州などのように、父母双方が子についての重要な決定に関与するという法的共同監護だけが規定されている州もある。また法的共同監護と身上共同監護の両方が認められている州でも、実際には、身上共同監護は実

行が不可能な場合が多いため、法的共同監護のみが付与されることが多い。[*43]
身上共同監護では、父母それぞれが似通った家庭環境を子のために用意しなければならない。いわば、離婚前は父母双方で維持してきた一つの家庭を父母それぞれが一人で子のために構築しなければならないために、経済的負担が大きくなる。また、仕事の都合などで、父母双方が地理的に近いところに住むことが不可能な場合も、身上共同監護が法的共同監護より利用されない理由として挙げられる。[*44]ある論者がまとめた統計によれば、今日では、監護紛争が生じた場合、父親が単独監護権を得るのは約21％で、母親が単独監護権を得るのは約50％、共同監護が認められるのは約17％である。また、約75％の離婚夫婦が法的共同監護を付与されており、約29％が身上共同監護を得ているとされる。[*45]

　1970年代後半から1980年代初頭において各州で共同監護法が設けられるようになったことから、共同監護は、父母の離婚時に起こる監護紛争を解決することに役立った。[*46]

　多くの州は、監護法に、身上共同監護および法的共同監護の双方、もしくは身上共同監護か法的共同監護のどちらかを支持するとの推定を創設する規定、共同監護を支持するとの政策を宣言する規定を、または、単に、裁判所に共同監護を明示的に考慮することを要求する規定を追加していた。しかし、最近では、共同監護の推定を取り除いたり、明示的にこれを否認する州や、合意がない場合には共同監護を排除することさえしている州、さらには、裁判所の裁量で共同監護を命令する事例数を減じている州もある。[*47]なぜ、このような現象が見られるようになったのであろうか。

　共同監護法が制定された当初、多くの裁判官は、共同監護を支持する傾向を受け入れていた。なぜなら、離婚時に父母に共同監護を認めるということは、父母のどちらかを監護者として指定しなくてすみ、監護権を共有させることで、父母の双方に部分的な勝利を与えることができたからである。しかし、これにより、本来なら監護紛争でもっとも考慮されるべき子の福祉よりも、父母の利益に基づいて判決がなされてしまうといった結果が生じていた。それゆえ、子にとって有益となるはずの法的共同監護が、父母間に熾烈な争いをしばしばもたらすことになり、子の利益に反する結果をもたらすこ

ともあったのである。さらに、もし、そのような紛争について裁判所に申立
てがなされた場合、また、そもそも父母が合意できない場合に裁判所に申立
てをしないようにするために、父母間の平等な監護権限をどのように維持し
ていくかについて裁判官は苦慮することになる。それゆえ、多くの学者たち
やいくつかの立法府は、父母双方が望まないのであれば、共同監護を実施す
べきではないとの立場をとっている。*48　その結果、監護紛争を解決するため
に、安易に共同監護を認めるべきではなく、子のための共同監護を実施して
いくために、共同監護に慎重な姿勢をとる州が増えているのである。

　もっとも、すべての州が共同監護について慎重な態度をとっているわけで
はない。制定法で、身上共同監護もしくは法的共同監護またはその両方の優
先をなお規定している州もある。*49　こういった州の裁判所の中には、次に挙げ
るジョージア州の上訴裁判所のように、共同監護そのものが子の権利である
との理解を示しているところもある。

　すなわち、ジョージア州の上訴裁判所は次のように述べている。*50　紛争は、
「2人の相対立する当事者が対極の線上にあることを意味する『versus』とい
う関係に象徴される。しかし実際には、第三者が存在し、当該第三者の利益
及び権利により、対極の線は三角形になる。その者、すなわち、子——訴え
の正式な当事者ではないが、この者の福祉が問題の中心となる——は、父母
が子育てに共同であたることが適している場合、それを求める権利を有す
る。（共同監護を認める制定法の改正で）*51　明示的に示されている州の政策で、
内在的なものとして、子には、父母双方と等しく面会する機会を求める権
利、父母双方から指導及び養育を受ける権利、父母双方に彼らが有する見識
や判断力及び経験を用いて重要な決定をしてもらう権利が認められている。
父母が離婚した場合でも、子はこのような権利を失わない。」*52

Ⅲ　おわりに

　それまで、一つの家庭で父母双方から絶え間ない愛情を注がれてきた子ど
もにとって、父母の離婚による一方の親との別れは耐えがたいものにちがい
ない。また、離婚により父母は互いに夫婦ではなくなるが、決して当該子の

親でなくなるものではない。

　よって、親は、子の養育に関して義務を負い、親と親密な関係を維持することが子の福祉に適うならば、これに応えるべきだろう。その一つの手段として、わが国では、面接交渉が審判上認められてきたが、より子の福祉を向上させるために、共同監護を認めていくべきである。

　冒頭でも触れた、法務省民事局参事官室による「婚姻制度等に関する民法改正要綱試案」では、「766条の「監護」の範囲を条文上明記すべきかどうか、及び離婚後における父母の共同親権の制度（又は共同監護の制度）を採用すべきかどうかについては、今後の検討課題とする。」とされている。このような点については、次のような提言がなされている。「離婚後の父母の共同親権・共同監護の可能性を開くために民法第819条は改正されるべきであろうし、従来の親本位の権利構成でなく、子に対して関心と愛情をもって子に接しようとする者には子の利益のため積極的に面接交渉権や身上報告請求権、子の監視権等子の養育への参加権を保障する必要がある。そして、離婚後も子の共同監護を選択し、また共同監護の実現が可能な親たちには、そのような監護形態が子の利益のために必要があるかぎりで共同の監護養育責任を果たさせるような規定上の整備をしなければならない。手続的には、離婚後の親の監護養育責任を明示したうえで、監護養育の内容、範囲、分担等につき父母が協議で定め、協議が調わない場合に専門家である調査官の活用ができる家庭裁判所での調停・審判によって子の監護に必要な事項として共同監護、面接交渉等を定めることができるとするのがよい」[*53]。

　ところで、このような法改正を経なければ、共同親権・共同監護を実現することはできないのだろうか。民法819条1項の規定により、離婚後は、父母の一方が親権者に指定されることになるので、現行法上、離婚後の共同親権は不可能である。しかし、離婚後親権者に指定された者には、財産管理権と身上監護権を内容とする親権が付与されるが、後者については、民法766条により監護者に与えられることもある。それゆえ、親権者とは別に監護者が指定される場合には、財産管理権を有する親権者と、身上監護権を有する監護者が存在することになる。民法766条には、監護者を1人に定めるとの文言は見当たらないので、複数人指定することができるという説のほかに、後見[*54]

人は1人でなければならないという民法843条を類推適用する説[*55]が存在する。しかし、この点については、「後見人の数に関する定めは必ずしも監護者の数を決める根拠とはなり得ない。なぜなら、父母の婚姻中は父母がともに親権者として子の監護にあたってきたのであるから、離婚後には父母がともに監護者たり得ないとする論理必然性は存しない。むしろ、離婚後は父母による監護は実際上困難であるので、便宜上どちらかを監護者と定めてきたものにしかすぎない。したがって、離婚後も父母が共同して監護できるのであれば、これを766条は排除するわけではないと解」[*56]されるので、民法766条の解釈として、監護者を複数人定めることは許されると考える。したがって、現行法でも、父母の一方を親権者として指定し、監護に関しては父母双方が監護者となることにより、離婚後の共同監護は可能であると解される。共同監護をやや消極的に捉える論者は、教育・宗教・医療に関する事柄について離婚後父母が相談しながら合意することができる場合はむしろ少ないので、これが監護紛争の原因となって家庭裁判所の審判を仰ぐことになり、それは家族に対する国家の過剰介入となりかねないと言う[*57]。しかし他方で、家庭裁判所の調査官からは次のような意見も示されている。「若い世代の間には、男女間の破綻を相互に原因のあることとし、合理的に、あっさりした態度で受け入れる風潮が出てきている。また、日本人的特性を言うのなら、親は子への愛のためなら、かなりのことに辛抱できる。共同監護が子にとって好ましいことが納得できれば、日本人的心情の持ち主の中にも、共同監護を受け入れうるかなりの層があるものと思われる」[*58]と述べ、共同監護を批判的に捉える見解に対しては、「共同監護が実現できない障害をあげつらって論議するのではなく、その障害はいかにすれば克服できるのか、という前向きの姿勢で論議することが大切である。障害が生ずる可能性があるからといって、共同監護を全面的に否定するのは賢明な態度ではない。このような態度をとると、専門家が介入することによって共同監護が実現できる事例を見逃してしまう」[*59]。さらに、関西家事事件研究会では、実務家会員から、父母の離婚後、子は母親のもとで生活し、保育園に預けられていたが、保育時間終了時には父親が子を迎えに行き、母親が勤務先から帰宅するまで子の世話をしているという身上共同監護と見られる監護形態をとっている事例も紹介されていた。

共同監護については、単に父母の協議によるとする説のほかに、「手続的[*60]には父母の協議や調停等で自主的に合意形成がされることが望ましいことはいうまでもないが、家裁の調査官等専門機構を利用して子の監護事件の処理をめざす家庭裁判所が、合意に達することのできなかった父母に対して、子の福祉の立場から裁量権を行使して後見的に離婚後の父母の監護の共同責任を分担させることを命じることも許される[*61]」とする説もある。アメリカでは、父母の合意がない場合にも、裁判所の裁量で共同監護が認められる事例もあるが、共同監護実施後の紛争を避けるためには、父母の合意がある場合にのみ共同監護を実施していくべきではなかろうか。では、どのような場合に、共同監護が適当とされるかについては、以下の項目事項が参考となるだろう。1979年当時、すでに共同監護を離婚後の監護形態の選択肢のひとつとしていたアイオワ州[*62]において、裁判所は、共同監護を認める場合に熟考すべき点として次のような項目を挙げていた。「①共同監護にたいする父母それぞれの適性と適合、②共同監護の取決めについて父母が合意していること、③父母が子の最善の利益に基づき、子に関することを分担していくことに努めるといったような子の福祉をまず最優先にし、互いにコミュニケーションをとることができること、④子の学校教育や友人関係に実質的な混乱がおこらないように父母の家が地理的に近いこと、⑤父母それぞれが用意する家庭環境が似通っていること、⑥共同監護の結果、子が精神的に苦しまないこと、⑦父母それぞれの勤務時間と家事、⑧子の選択[*63]」。

　民法766条の解釈により共同監護の実施が可能であるとすると、いったいどういった形態の共同監護が行いうるのであろうか。アメリカでの共同監護形態を用いて、「日本民法のもとでも、子どものケアの側面をジョイントで行うこと、すなわち、ジョイント・フィジカル・カストディは認められるのではないだろうか。ジョイント・リーガル・カストディは無理であろうが（離婚の場合の単独親権を定める民法819条1項・同2項参照）[*64]」とし、その上で、子が一定の期間を交互に父母のそれぞれの家で生活する身上共同監護と子の住居を指定して父母が交替で子が暮らしている家で生活をともにするという身上共同監護が可能であるとする見解がある[*65]。確かに、身上共同監護も認めることは可能であろうし、これが実現されることは望ましいことであ

る。このような身上共同監護を認めていこうとする見解に対しては、「離婚
後の父母の共同親権、共同監護joint custodyといっても、同居しない離婚父
母が、事実上子を共同監護することは、困難である」ことを理由に、共同監
護をするのであれば、法的共同監護形態をとらざるをえないとする見解もあ
る。[*66] しかし、共同監護といっても、アメリカで見られるように、父母が離婚
後も婚姻中とかわらず一つ屋根の下で同居していなくても、子が父母それぞ
れの家に生活しにやってくる形態や、子が生活している家を中心に父母が交
替でそこへ生活しにやってくるという形態の身上共同監護もあるので、父母
が同居していなくても身上共同監護は可能であろう。だが、日本の住宅事情
を考えると、父母それぞれが自分の家に子のための部屋を用意するなどの必
要がある身上共同監護は、実施されにくいのではなかろうか。したがって、
わが国では法的共同監護が認められるべきであろう。民法766条の監護権限
の内容に教育が含まれないと考えるのなら、子の教育に関する事柄を決定
するような法的監護は、わが国では認められないということになる。だが、
「監護と教育は不可分であって両者を区分することは事実上困難である上、
両者を総合して子を心身共に健在な社会人に養成することが監護者の責務で
ある」[*67]ので、監護者の権限の内容には、教育も含まれると考える。したがっ
て、アメリカと同じく、子とともに生活し子の身の回りの世話をする身上監
護も、教育に関することなどの子の生活にとって重要な事柄を決定していく
法的監護も監護内容に含まれると考え、身上共同監護のみならず法的共同監
護も解釈上実施可能であると考える。このような見解に対しては、「親権概
念が空洞化する」[*68]と言う批判もあるが、財産管理権や代理権は親権者が有す
るので、そのような批判に値しないと考えられよう。また、離婚後の父母の
一方を親権者と指定し、他方を監護者として指定することは、法的共同監護
に準じたものであるとも考えられうるが、この親権と監護権の分離分属が本
当に子についての親の義務を共同で担っていこうという意思の表れと言える
であろうか。父母が子を奪い合っている際に暫定的処置として親権と監護権
を分離して父母にそれぞれ帰属せしめるといったような場合にこの方法がと
られていることがあるの[*69]を考えると、親権と監護権の分離分属が「共同」監
護として実施されているとは思われないケースもある。これについては、こ

の親権と監護権の分離分属は、「父母による形を変えた共同監護として、両者が協力し積極的に評価できるような場合に活用されるべき」であるとの意見も示されている。[*70]

　このように考えると、父母双方が、離婚後も引き続き子の成長や生活などについて共同でかかわりあっていくことにつき合意できるならば、法的共同監護が、わが国でも認められるべきである。ただ、実際のところ、アメリカでは裁判離婚を徹底させているのに対し、わが国では、離婚事件のうち約9割が協議離婚であり離婚事件のほとんどに裁判所がかかわってはいないので、共同監護が認められうるケースが認識されにくいという問題はある。[*71]

注

*1　Michael T.Flannery, Is *"Bird Nesting" In the Best Interest of Children?*, 57SMUL. REV.295, note1 (2004).

*2　「平成16年人口動態統計の年間推計」（厚生労働省）。

*3　同上。なお、同じく「平成16年人口動態統計の年間推計」（厚生労働省）によると2002年のアメリカの離婚率は4.0で日本の離婚率は2.30である。

*4　米倉明『アメリカの家族』20〜21頁（有斐閣, 1982）、谷川克＝前澤知恵子「離婚の中の子ども」ジュリ858号44頁（1986）、石川稔「監護者の地位と権限」判タ747号277頁（1991）、山田美枝子「現代離婚法の課題としての子の権利の保障」法学政治学論究11号101頁（1991）、棚村政行「離婚後の子の監護」石川稔ほか『家族法改正の課題』244頁（日本加除出版, 1993）、中川高男『新版親族・相続法講義』171頁（ミネルヴァ書房, 1995）。

*5　法務省民事局参事官室編『婚姻制度等に関する民法改正要綱試案及び試案の説明』9頁（日本加除出版, 1994）。

*6　船田享二『ローマ法入門』206頁（有斐閣, 1953）。

*7　木幡文徳「アメリカにおける子の監護権」専法44号31頁（1986）。

*8　See, Mel Roman and William Haddad, THE DISPOSABLE PARENT The Case for Joint Custody (Holt, Rinehart and Winston of Canada, Limited 1978), 22〜23.

*9　木幡・前掲*7　31頁。

*10　山口亮子「アメリカにおける離婚後の単独監護者決定基準の変遷 (1)」上法40巻3号101頁（1996）によると、テンダー・イヤーズとは、一般的に乳幼児から10歳前後までの子であると解されている。

*11　木幡・前掲*7　32頁。

*12　Gerald W.Hardcastle, *Joint Custody: A Family Court Judge's Perspective*, 32 Fam. L. Q.201, 203（1998）.

*13　See, Robert F.Cochran, Jr., *Reconciling the Primary Caretaker Preference, the Joint Custody Preference, and the Case-by-Case Rule*, in J.Folberg（ed.）JOINT CUSTODY ANDSHARED PARENTING（2th ed.Guilford Press 1991）, 218, 219.

*14　1964年に *Coles v. Coles* の事件において、コロンビア区の控訴裁判所のHood裁判官は、「子の最善の利益の原則は、簡単に口にされるが、その適用は事実審の裁判官に重い負担を課すこととなる。争いのある証拠をとってみても、それらの中にはいわゆる『許容範囲の偽証』が含まれている。裁判官は、必然的に罪のない子の将来の生活に著しく影響を与えるであろう決定をしなければならない。決定するにつき、先例や一般原則から助力を得ることはできない。個々の事件は孤立しているのである。父母の人格や資質を評価したり比較することを試みた後、裁判官は将来について見極めなければならないし、もし、監護権が父もしくは母の一方に委ねられるのならば、そのことが子の最善の利益に適うように決定することに尽力しなければならない。裁判官が、判決を下す場合には、自分の決定が正しいという確信は全く持ってはいない。ただ自分が正しいと望むのみである。自分と同等に有能で誠実な他の裁判官が同じ証拠でもって自分の判決とは異なった判決に至るかもしれないと認識している」と述べている（Robert F.Cochran, Jr., *supra* note13, at 221〜222）。

*15　Joseph Goldstein, Anna Freud and Albert J.Solnit, BEYOND THE BEST INTERESTS OF THE CHILD（Free Press 1973）がその代表である。また、この翻訳として、島津一郎監修・解説＝中沢たえ子訳『子の福祉を超えて』（岩崎学術出版社, 1990）がある。なお、本書の基本的な見解については、米倉・前掲*4　47頁以下、山口亮介「アメリカにおける離婚後の単独監護者決定基準の変遷（2）」上法40巻4号81頁以下（1996）に詳しい。

*16　See, Robert F.Cochran, JR, *supra* note 13, at 224.

*17　島津＝中沢・前掲*15　163頁。

*18　菊地和典「面接交渉権から共同監護へ」最高裁判所事務総局編『家庭裁判所論集』158頁以下（法曹会, 1980）。

*19　See, Robert F.Cochran, JR, *supra* note 13, at 225.

*20　See, Mara Quint Berke, *In re Marriage of Birnbaum: Modifying Child Custody Arrangements by Ignoring the Rules of the Game*, 24Loy.L. A.L.Rev.467,469（1991）.

*21　*Id.*

*22　William P.Statsky, FAMILY LAW（4th ed.WEST 1996）267. 拙稿「離婚親による子の共同監護について」日本法政学会法政論叢39巻1号13頁（2002）。

*23　See, Jay Folberg, *Custody Overview*, in J.Folberg（ed.）JOINT CUSTODY AND SHARED PARENTING（2th ed.Guilford Press 1991）, 3, 6-7.

*24 See, Mara Quint Berke, *supra* note 20, at 470–471.

*25 Jay Folberg, *supra* note 23, at 6–7.

*26 Mara Quint Berke, *supra* note 20, at 473 – 474.

*27 Cassondra L.Wiedenhoeft, *She's Baby Too... A Father's Road to Custody Resolution*, 11J.Contemp.Legal Issues511, 513 (1997).

*28 See, Jay Folberg, *supra* note 23, at 6 – 7.

*29 See, Mara Quint Berke, *supra* note 20, at 474.

*30 William P.Statsky, *supra* note 22, at 268.

*31 See, Jay Folberg, *supra* note 23, at 6 – 7. たとえば、授業期間中は母のもとで、夏休み間は父親のもとで生活するといった形態や、1週間の4日は母と残り3日は父と生活するといったような形態などがある。

*32 Nancy Ellen Yaffe, *A Fathers' Right Perspective on Custody Law in California: Would You Believe It Told You That the Law is Fair to Fathers?*, 4S.Cal.Interdisc.L. J.135,159 (1995).

*33 Jay Folberg, *supra* note 23, at 476.

*34 See, Mara Quint Berke, *supra* note 20, at 474.

*35 See, Stephanie N.Barnes, *Strengthenimg the Father —— Child Relationship through A Joint Custody Presumpsion*, 35 Willamette L.Rᴇᴠ.601, 622 (1998). 拙稿・前掲*22 16頁。

*36 *Id.*at 624 – 625.

*37 *Id.*at 626.

*38 Mara Quint Berke, *supra* note 20, at 476.

*39 See, Priscilla Day, *When Parents Can't Agree, Reprensenting the Parent Who Shares Legal Cusdoty*, 11J.Contemp.Legal Issues 532, 537 (2000).

*40 See, Mara Quint Berke, *supra* note 20, at 476.

*41 Jay Folberg, *supra* note 23, at5.

*42 棚村政行「アメリカにおける子の監護事件処理の実情」判タ1176号55頁 (2005)。

*43 山口亮子「アメリカにおける共同監護法と子どもの利益 (1)」上法39巻3号111 ～112頁 (1996)。

*44 Maureen Mcknight, *Issues and Trends in the Law of Joint Custody*, in J.Folberg (ed.) JOINT CUSTODY AND SHARED PARENTING (2th ed.Guilford Press 1991), 209, 214 – 215. 拙稿・前掲*22 16頁。

*45 Cassondra L, Wiedenhoeft, *supra* note 27, at 512.

*46 See, James G.Dwyer, *A Taxonomy of Children's Existing Rights in State Decision Making about Their Relationships*, 11 Wm. & Mary Bill Rts.J. 845, 911 (2003).

*47 Ariz.Rev.Stat. §25 – 403 (B) (2002) Cal.Fam.Code §3040 (b) (West 2002), 750Ⅲ. Comp.Stat.Ann.5／602 (c) (West2002), Okla.Stat.Ann.tit.43、§112 (C) (2) (West2002)；Or.Rev.Stat. §107.169 (3) (2001), Vt.Stat.Ann.tit.15、

§665（2002），Wash.Rev.Code§26.09.187（3）（b）（2003）.

*48　James G.Dwyer, *supra* note 46, at 915－916.

*49　D.C. Code Ann.　§16－914（2002）Fla.Stat.Ann.　§61.13（2）（b）（2）（West 2003）Iowa Code§598.41（2）（b）（2002）Mo.Rev.Stat.　§452.375（5）（2002）Minn.Stat§518.17（2003）Nev.Rev.Stat.125.480（3）（a）（2002）N.H. Rev.Stat. Ann.　§458:17（Ⅱ）（2002）; N.M. Stat.Ann.　§40－4－9.1.（A）（Michie 2002）Wis. Stat.　§767.24（2）（am）（2002）La.Civ.Code Ann.art.132.

*50　事実審では、3歳の息子について、母親に単独監護権が与えられ、父親については1ヵ月のうち2週間ごとの週末とクリスマス期間のうちの5日と半日、夏季の3週間の訪問権が与えられていた。これを不服として父親が上訴し、父母に共同監護を付与すべきであるとして、破棄差戻を命じたのが本件である。433S.E. 2d411, 412（Ga.Ct.App, 1993）

*51　James G.Dwyer, *supra* note 46, at 913.

*52　433S.E2d411, 414（Ga.Ct.App.1993）

*53　棚村・前掲*4　257頁。

*54　前掲*4 参照。

*55　島津一郎編『注釈民法（21）』157頁〔神谷笑子〕（有斐閣, 1966）。

*56　石川・前掲*4　277頁。

*57　島津一郎「転換期の家族法」297頁（日本評論社, 1991）。

*58　家庭裁判所調査官研修所編『親権（監護権）の帰すうが問題になった事件における子の福祉について』68頁（法曹会, 1987）。

*59　家庭裁判所調査官研修所・前掲*58　69頁。

*60　石川前掲*4　277頁。

*61　棚村・前掲*4　244頁。

*62　山口・前掲*43　109頁。

*63　Arthur M.Berman & David P.Kirsh, *Definitions of Joint Custody*, Fall 1982 Vol.5, No.2, Fᴀᴍ.ADVOCATE.2, 4.

*64　米倉・前掲*4　20頁。

*65　米倉・前掲*4　21頁。

*66　山本正憲『家族法要説』142頁（法律文化社, 1990）。

*67　清水節「親権と監護権の分離・分属」判タ1100号144頁（2002）。

*68　吉田邦彦「子の監護紛争をめぐる日米の法状況（下）」ジュリ1049号89頁（1994）。

*69　清水・前掲*67　145頁。

*70　清水・前掲*67　145頁。

*71　拙稿・前掲*22　20頁。

（第3章—初出/判例タイムズ社『家事事件の現況と課題』p.73～87）

第5章　離婚後の面会交流・共同親権に関する
法制審議会家族法部会の動向

Ⅰ　はじめに

　2024年1月、法制審議会家族法制部会は、「家族法制の見直しに関する要綱案」および附帯決議を取りまとめた。同年2月、法制審議会がこれを採択し、法務大臣に直ちに答申することとされたことを受けて、法務省は、今国会で民法などの改正案を提出し、成立を目指す方針であると報道されている。[*1]

　成立すれば、「戦後最大の家族法制の変更」[*2]と称されているように、要綱には、親権の性質の明確化、親権行使に関する規律の整備、父母の離婚後の親権者ならびに子の監護に関する事項の定め、および、親子交流に関する規律など、現行法の改正を伴うものが多く含まれている。要項採択後、日本弁護士連合会[*3]や日本労働組合総連合会[*4]が声明を出すなど、社会的関心も高い。

　本章は、これらのなかでも、特に、本書で扱ってきた離婚後の親権者ならびに監護者の指定および第三者との面会交流に焦点を当てて、その意義と問題点を検討することにしよう。

Ⅱ　離婚後の親権者の指定

1．現行規定

　現行の民法は、協議上の離婚をするときは、協議で一方を親権者と定めなければならず、裁判上の離婚の場合には、裁判所が一方を親権者と定める（819条1項および2項）。子の出生前に父母が離婚した場合には、親権は、母

121

が行うが、子の出生後に、父母の協議で、父を親権者と定めることができる（同3項）。父が認知した子に対する親権は、父母の協議で父を親権者と定めたときに限り、父が行う（同4項）。このように、現行法上は、離婚後または認知後に、父母の一方のみが親権者と指定されうるのであって、父母の双方を親権者と指定することはできない。

2．要綱

要綱の第2は「親権及び監護等に関する規律」に関するものだが、その2の「父母の離婚後等の親権者の定め」によれば、「父母が離婚をするときはその一方を親権者と定めなければならないことを定める」民法819条を見直し、次のような規律を設けるものとする。

ア　父母が協議上の離婚をするときは、その協議で、その双方又は一方を親権者と定める。

イ　裁判上の離婚の場合には、裁判所は、父母の双方又は一方を親権者と定める。

ウ　子の出生前に父母が離婚した場合には、親権は、母が行う。ただし、子の出生後に、父母の協議で、父母の双方又は父を親権者と定めることができる。

エ　父が認知した子に対する親権は、母が行う。ただし、父母の協議で、父母の双方又は父を親権者と定めることができる。

これらは、現行民法819条1項から4項までの規定に対応し、すべての規定に「双方」の文言を追加するものである。エは、それ以外の文言の修正を伴うものであるが、現行の4項の実質を変更するものではない。4項が例外のみを明示し、暗に原則を示唆しているのに対し、エは原則と例外を明示し、規定内容がより明確になっている。

これらに続くオは、819条5項を踏襲し、上記ア、ウもしくはエの協議が調わないとき、または協議をすることができないときは、家庭裁判所は、父または母の請求によって、協議に代わる審判をする、としている。他方、カは

同条6項を修正し、親権者の変更を請求できる主体として、「子」を追加している。

　キは、親権者の指定または変更が裁判所に付託される場合（上記イ、オまたはカ）、裁判所は、「父母の双方を親権者と定めるかその一方を親権者と定めるかを判断するに当たっては、子の利益のため、父母と子との関係、父と母との関係その他一切の事情を考慮しなければならない。」としている。そして、この場合において、次のいずれかに該当するとき、父母の一方を親権者と定めなければならない。

① 父又は母が子の心身に害悪を及ぼすおそれがあると認められるとき、
② 父母の一方が他の一方から身体に対する暴力その他の心身に有害な影響を及ぼす言動……を受けるおそれの有無、……協議が調わない理由その他の事情を考慮して、父母が共同して親権を行うことが困難であると認められるとき。

　①および②以外の事由により、父母の双方を親権者と定めることにより子の利益を害すると認められるときにも、父母の一方を親権者と定めなければならない。したがって、①および②は例示列挙と解される。

　クによれば、親権者の変更が請求された場合（上記カ）、家庭裁判所は、父母の協議により定められた親権者を変更することが子の利益のため必要であるか否かを判断するに当たっては、当該協議の経過、その後の事情の変更その他の事情を考慮するものとする。当該協議の経過を考慮するに当たっては、次の諸点も勘案される。

・父母の一方から他の一方への暴力等の有無、
・家事事件手続法による調停の有無又は裁判外紛争解決手続の利用の有無
・協議の結果についての公正証書の作成の有無
・その他の事情

　父母の双方を親権者と指定できるようになることから、765条1項の規定も

改める必要がある。同項によれば、離婚の届出は、819条1項の規定に違反しないことを認めた後でなければ、受理することができない。819条1項は、「一方を親権者と定めなければならない」と規定している。それゆえ、要綱は、「双方を親権者」と指定している離婚の届出を受理できるように、次のように見直すこととしている。すなわち、離婚の届出は、成年に達しない子がある場合には、①親権者の定めがされていること、または、②親権者の指定を求める家事審判または家事調停の申立てがされていること、のいずれかに該当することを認めた後でなければ、受理することができないものとする[*5]。

3. 意義および問題点

意義は、現行の単独親権に加えて、離婚後も父母双方を親権者と指定する共同親権の導入を促している点にある。とりわけ、共同親権は、「子の利益のため」になるがゆえに導入されたのであって、上記キおよびクで示されているように、DVや虐待などの事案については、「子の利益のため」、単独親権としなければならないとしたことは、共同親権制度の導入に対する懸念に応えるものとして、高く評価されている[*6]。

他方で、法制審議会家族法制部会の委員で、要綱案の作成にたずさわった棚村教授は、「共同親権が望ましい場合と単独親権の方がよい場合の基準や運用について十分な議論ができなかった」と回顧されている。その結果、判断を求められる家庭裁判所の体制を充実させるとともに、判断のための基準を、ある程度示していかなければならない、との課題が残った[*7]。

共同親権か単独親権かを判断するための基準が十分に示されておらず、はたして裁判所が適切に判断できるのかどうかを懸念する声は、DVの被害者からも上がっている。単独親権にしなければならない場合としてあがっている「父又は母が子の心身に害悪を及ぼすおそれがあると認められるとき」、「父母の一方が他の一方から身体に対する暴力その他の心身に有害な影響を及ぼす言動を受けるおそれの有無」が、どのような基準で認定されるのかが分からないからである。「とても不安だ[*8]」との心情を抱く者は、少なくないだろう。要綱案とともにまとめられた附帯決議は、DVおよび児童虐待を防

ぎ、「子の安全及び安心を確保するとともに、父母の別居や離婚に伴って子が不利益を受けることがないようにするためにも、法的支援を含め、行政や福祉等の各分野における各種支援についての充実した取組が行われる必要がある。」としている（2項）。今後予想される国会審議に際して考慮されるべきところであり、関係各所は、上記のような不安を払拭する取組を行っていかなければならない。

Ⅲ　離婚後の監護者の指定

1．現行規定

　民法766条1項は、「父母が協議上の離婚をするときは、子の監護をすべき者、父又は母と子との面会及びその他の交流、子の監護に要する費用の分担その他の子の監護について必要な事項は、その協議で定める。この場合においては、子の利益を最も優先して考慮しなければならない。」と規定している。協議が調わないとき、または協議をすることができないときは、家庭裁判所が、これらの事項を定める（同2項）。裁判上の離婚の場合も、この規定が準用される（771条）。親権者とは異なり、父母の一方を「子の監護をすべき者」（＝監護者）として指定することが定められているわけではない。また、親権者は必ず指定されなければならないが、監護者は、協議のうえ、指定しないこともできる。さらに、監護者の権利義務については、「監護の範囲外では、父母の権利義務に変更を生じない」（766条4項）との定めがあるだけであって、親権者のそれらとの相違が明らかでない。

2．要綱

　要項の2は、「離婚後の子の監護に関する事項の定め等」に関するものである。まず、離婚後の父母双方を親権者と定めるに当たって、父母の一方を子の監護をすべき者とする旨の定めをすることを必須とする旨の規律は設けないとの方針をとっている。そのうえで、民法766条1項に「子の監護の分掌」を加えている（要綱の3(1)）。同項は、「子の監護について必要な事項」として、「子の監護をすべき者、父又は母と子との面会及びその他の交流、子の

監護に要する費用の分担」を例示しているが、監護の分掌（分担）をあげていない。要綱案の作成過程では、「子の監護について必要な事項」として監護の分掌（分担）の定めをすることができるとの指摘もあったが[*9]、明文で定めることが選択された。

　これにともない、家事事件手続法154条3項が整備される。同項は、「家庭裁判所は、……子の監護について必要な事項の定めをする場合には、当事者に対し、子の引渡し又は金銭の支払その他の財産上の給付その他の給付を命ずることができる。」と規定しており、「子の監護の分掌」との関係で給付命令等に関する規律を改めなければならないからである。

　監護者の権利義務については、820条から823条までに規定する事項（監護および教育の権利義務、子の人格の尊重等、居所の指定および職業の許可）については、親権者と同一の権利義務を有する、としている。したがって、監護者は、単独で、「子の監護及び教育、居所の指定及び変更並びに営業の許可、その許可の取消し及びその制限をすることができる」（要綱の3(2)ア）。親権者であって、監護者でない者は、監護者がこれらの行為をすることを妨げてはならない（同イ）。

3. 意義および問題点

　監護者の権利義務の範囲、および、親権者が監護者に対して負う義務が明確にされたことには意義がある。

　他方で、監護者指定を必須としないとの方針に対しては、評価のわかれるところである。要綱案の作成過程でも、一部の委員は、監護者を指定しなければ、離婚後も紛争が継続または激化するおそれがあり、子が紛争にさらされないようにするために、監護者指定を必須とすべきであるとの意見を述べていた[*10]。これに対して、要綱の第2では、共同親権であっても、「監護及び教育に関する日常の行為」に係る親権の行使は、単独ですることができるとされているので（要綱第2の1(2)）、監護者を一律に要求する必要はない、との意見もあった[*11]。また、教育、医療または社会保障などの問題について、個別に対応することが重要であって、民法が一律に監護者を指定して、それぞれの問題に適切に対処できるかどうかは疑問である、との意見も出された[*12]。最

終的には、離婚後の子の養育の在り方は、それぞれの家庭によって多種多様であり、監護者指定の要否も個別の事案によって異なるので、監護者の定めを一律に要求する必要はないとの見解が大勢をしめ、要綱に反映されることになった。[*13]

　離婚後の共同親権を定めるには、かならず父母の一方を監護者指定しなければならないとすれば、裁判所は、「主たる監護者と認定されることが多い母が監護者に指定される可能性が高い。そうすると、共同親権の実質が失われるとの懸念が生じる。[*14] その意味では、監護者指定を必須としないとの方針には、相応の理由がある。要綱は、監護の分掌および共同親権の場合も単独で行使できる権利を明示しておくことによって、監護者指定を必須としないことから生じうる問題の多くは回避できるとの立場をとっていると解される。とはいえ、監護者指定をしない場合、子が離婚後の父母の間を行き来する間に、一方の親に奪取されはしないか。共同親権者だから、監護権もあるからとなると、子は生活環境の維持を奪われはしないか。アメリカの共同身上監護のように、子の居所は一定で親がそこに交替で暮らしに来る、または、同じ学校区内で父母が家を持ち、同等の子ども部屋を双方に用意するなどができないのであれば、子はいつまでたっても安定した暮らしはできない。そうすると、我が国で、共同親権を認めれるならば、監護者指定を必須とし、子についての代理権や財産管理を共同で行うという共同親権がまずは妥当ではなかろうか。

　また、「監護の分掌」の概念は、要綱案の作成過程で必ずしも明らかにされなかった。時間の分掌なのか内容の分掌なのかといった基本的な点についてさえ一致した見解がなく、裁判所は判断する際にどうすればよいのかわからないと、の意見が示されていた。期間の分掌ととらえるならば、夏休みなどの長期期間の面会交流と監護の期間分掌との違いはどこにあるのだろうか。こうして、実際にどのように運用されるのか、不透明感が残っている。法制化にあたって克服されなければならない問題点の一つである。

Ⅳ　第三者との面会交流

1．現行規定

　民法766条1項は、「父母が協議上の離婚をするときは、……父又は母と子との面会及びその他の交流、……について必要な事項は、その協議で定める。」とし、同2項で、「協議が調わないとき、又は協議をすることができないときは、家庭裁判所が、同項の事項を定める。」としている。これらの規定によれば、「父又は母」以外の「第三者」と子との面会およびその他の交流について必要な事項を、協議で定めることができるかどうかは明らかでない。

　学説は、明文の規定を欠くことを理由に、第三者と子との面会交流について必要な事項を協議で定めることができないとする説と、少なくとも祖父母や兄弟姉妹との面会交流については、協議で定めることができるとする説とに分かれていた。

　裁判例も、否定例（東京家審昭和49年11月15日家月27巻10号55頁〔生後間もない頃から子を事実上養育していた継母〕）と肯定例（東京高決昭和52年12月9日家月30巻8号42頁〔実母死亡後に子を養育していた祖父母〕）に分かれていた。

　また、現行規定からは、「協議が調わないとき、又は協議をすることができないとき」に、第三者が、家庭裁判所に対して、必要な事項の定めを求めて申立てをすることができるかどうかも明らかでない。

　この点について、最高裁は、次のように決定している。民法766条2項は、「同条1項の協議の主体である父母の申立てにより、家庭裁判所が子の監護に関する事項を定めることを予定しているものと解される」。他方、「民法その他の法令において、事実上子を監護してきた第三者が、家庭裁判所に上記事項を定めるよう申し立てることができる旨を定めた規定はなく、上記の申立てについて、監護の事実をもって上記第三者を父母と同視することもできない」。「子の利益は、子の監護に関する事項を定めるに当たって最も優先して考慮しなければならないものであるが」、このことは、「第三者に上記の申立てを許容する根拠となるものではない」。「民法766条の適用又は類推適

128

用により、上記第三者が上記の申立てをすることができると解することはできず、他にそのように解すべき法令上の根拠も存しない」。したがって「父母以外の第三者は、事実上子を監護してきた者であっても、家庭裁判所に対し、子の監護に関する処分として上記第三者と子との面会交流について定める審判を申し立てることはできないと解するのが相当である」。また、家事事件手続法156条4号によれば、子の監護に関する処分の申立てを却下する審判に対して即時抗告をすることができるのは「子の父母及び子の監護者」なので、第三者による審判に対する即時抗告は不適法となる。原審は、「父母以外の事実上子を監護してきた第三者が、子との間に父母と同視し得るような親密な関係を有し、上記第三者と子との面会交流を認めることが子の利益にかなうと考えられる場合には、民法766条1項及び2項の類推適用により、子の監護に関する処分として上記の面会交流を認める余地」があり、子の祖父母で、事実上子を監護してきた者と子との面会交流を認めることが子の利益にかなうか否かなどを審理することなく、申立てを不適法として却下することはできない、としていた。[*15]

２．要綱

　要綱は、上記の最高裁決定を、次のように解したうえで、作成されている。すなわち、最高裁決定は、父母以外の第三者の申立権を認めなかったものであるが、子との交流の主体に父母以外の第三者が含まれるか否かについては言及していない。父母の協議や父母の申立てによる家庭裁判所の審判で、父母以外の第三者と子との交流について定めること自体を一切否定するものではない。また、立法によって、一定の要件を満たす第三者に、子との交流についての申立権を付与すること自体を否定するものでもない。[*16]

　要綱によれば、家庭裁判所は、父母の協議離婚後の子の監護について必要な事項を定めまたはその定めを変更する場合、子の利益のため特に必要があると認めるときは、父母以外の親族と子との交流を実施する旨を定めることができる（要綱の第4の3(1)）。

　父母以外の親族の範囲は、「子の直系尊属」および「兄弟姉妹以外」の「過去に当該子を監護していた者」に限られている（要綱の第4の3(2)イ）。

また、父母以外の子の親族による家庭裁判所に対する審判の請求は、「その者と子の交流についての定めをするため他の適当な方法がないときに限り」、認められる（同上）。

　これらは、民法766条が準用されている婚姻の取消し（749条）、裁判上の離婚（771条）および認知（788条）についても準用される。父母が婚姻関係にない場合、または、婚姻中の父母が別居する場合も、同様に規律される（要綱の第4の3（注1）。

　父母以外の第三者が、「子との交流に関する処分の審判」を請求できるようにするため、「子の監護に関する処分の審判及びその申立てを却下する審判」に対して、即時抗告をすることができる者を「子の父母及び子の監護者」と定めている家事事件手続法156条4号等は、「父母以外の親族と子との交流に関する処分の審判」に限り、整備される（要綱の第4の3（注2））。

3．意義および問題点

　父母の離婚前に、子が親族との間に築いていた愛着関係を、離婚後も維持することは、子の精神面での安定や成長にとって望ましく、子の利益に資するものである。そして、子と親族との交流は、子の利益の実現を目的として行われるものなので、子との交流について必要な事項を定める手続を、申し立てることができる者の範囲も、「子の利益のために適切な申立てをすることができる者は誰か」という観点から検討する必要がある。[17]

　民法766条1項は、子の監護に関する事項は父母の協議によって定めるとしていること、父母以外の親族と子との交流は親子交流の機会に実現することも可能であることからすれば、「子の利益のために適切な申立てをすることができる者」は、基本的には、父母であると解される。また、申立権者の範囲を拡大すれば、子が多数の紛争に巻き込まれ、子の利益に反する事態が生じる可能性や、子が多数の者との交流を強いられること自体が過剰な負担となるおそれもある。

　他方で、父母の一方が死亡したこと等により、父母の協議や父母による申立てが難しくなる可能性があることに鑑みれば、第三者による申立てを一切否定することは、子がその祖父母等の親族と適切な交流をする機会を奪うこ

ととなりかねない。 そこで、申立権者の範囲と申立ての要件をどのように
設定すれば、「子の利益になる」のかが問題となる。[18]

　申立権者の範囲に関しては、過去に交流のなかった親族等も含めて多数の
者に申立権を認めても、「子の利益」にはならず、かえってそれに反する事
態が生じうる。上述のように、子が離婚前に築いていた愛着関係を、離婚後
も維持することが、「子の利益」に資するのであって、交流の目的もその点
にある。そうすると、申立権者の範囲は、愛着関係が築かれていることが通
常想定される祖父母等の直系尊属、兄弟姉妹および子を監護していた親族に
限られる。[19]さらに、第三者と子との交流を実施することの可否が、家庭裁判
所で審理されるのは、主として、父母間または当該第三者と父母との間で意
見が対立している場合である。そのとき、家庭裁判所が、父母の意思に反し
て、子と第三者との交流を実施する旨を定めることが相当と解されるのは、
子と第三者との間に親子関係に準じた親密な関係が形成されているなど、子
の利益のために特に交流を認める必要性が高い場合に限られる。[20]したがっ
て、要綱が、「子の利益のため特に必要があると認めるとき」を実体的要件
とし、交流の主体と申立権者の範囲を、「子の直系尊属」および「兄弟姉妹
以外」の「過去に当該子を監護していた者」に拡大するにとどめていること
は首肯でき、それを明示したことには意義があると言えよう。ただし、里親
や継親にも面会交流が認められうるかは、不明瞭である。

　申立権者の範囲に関しては、一定の意義を認めることができるが、補充性
の要件とされている申立ての要件は明確とは言いがたく、問題点として残さ
れているように思われる。「その者と子の交流についての定めをするため他
の適当な方法がないとき」として想定されているのは、父母の一方が死亡し
ている、または、行方不明等になっているという事情によって、父母間の協
議や子と別居する父母からの家庭裁判所に対する申立てが不可能または困難
な場面である。[21]父母の申立てにより、家庭裁判所が、交流の定めをし、交流
の際に第三者が関与できるならば、第三者からの申立てを特に認める必要は
ないと解されるので、申立てに要件を課すこと自体は理解できる。

　要綱案の作成過程では、次のような懸念と意見が示されていた。祖父母等
の面会交流に関する申立てが多発して、子の生活の安定が脅かされるのでは

ないか。通常、父母が面会できるのであれば、そのときに祖父母も面会すればいい。それができないから、祖父母の面会交流となれば、まず非監護親が自身の面会交流を申し立て、次に非監護親が祖父の面会交流を申し立て、さらに非監護親が祖母の面会交流を申し立てるとなると、3回申立てができることになる。これらにその都度対応するのはかなり負担になる。それゆえ、父母が申し立てる場合には、自身の面会交流に付随して祖父母の面会交流の申立てができるとするなど、何らかの濫用防止の方法が考えられないか[23]。

　これに対して、「特に必要があると認めるときは」との実体的要件に加えて、「その者と子の交流についての定めをするため他の適当な方法がないとき」という補充性の要件が課されているのだから、濫用対策としては十分である、との意見も示されていた。すなわち、この要件は、「父母の一方の死亡や行方不明等の事情によって、父母間の協議や父母による申立てが期待し難い場合に限定する」という趣旨なので、「親がやって駄目だったのに、次に祖父母が順番に出てくるという例」は、あてはまらないのではないか。「親がやって負けたので、今度は祖父母が順番に出てくることはないのだろう」。「これだけ条件を制限していれば大丈夫」[24]。

　確かに、「父母の一方の死亡や行方不明等の事情によって、父母間の協議や父母による申立てが期待し難い場合」に限定されているので、父母からの申立てが認められなかったからといって、祖父母が申立てても、それが認容される可能性はない。ただし、この場合も、「その者と子の交流についての定めをするため他の適当な方法がないとき」にあたるかどうかの審査は必要だろう。家庭裁判所は、「父母の一方の死亡や行方不明等の事情」が存在しなければ、「父母間の協議や父母による申立てが期待し難い場合」ではないとして、その他の要件がみたされているかどうかを検討するまでもなく、申立てを却下することができる[25]。とはいえ、現在示されている補充性の要件は解釈を要するので、このままの文言で法制化されれば、一定の事例が集積され、補充性の要件の内容が周知徹底されるまでは、濫訴の可能性は否定できない。「これだけ条件を制限していれば大丈夫」と断言できるようにするために、法制化にあたっては、例示列挙を追加するなど、補充性の要件をさらに明確にすることが望まれる。

V　おわりに

　要綱には、父母の責務等および親権の性質の明確化（要綱の第1）、親権行使に関する規律の整備（同第2の1）、養育費等に関する規律（同第3）、父母の婚姻中の親子交流（同第4の1）、裁判手続における親子交流の試行的実施（同第4の2）、養子に関する規律（同第5）および財産分与に関する規律（同第6）なども含まれているが、紙幅の関係上、本章では扱うことができなかった。それぞれについての考察は、他日を期することにする。

　要綱に基づく改正が成立し、施行された場合、家庭裁判所の役割は、さらに重要になるとともに、その負担も増大することが予想されている。増加が予想される子の監護に関する事件を始めとする各種家事事件を、適正かつ迅速に判断するためには、裁判官、家裁調査官、書記官および調停委員等の人的体制を強化するとともに、調停室および待合室等の物的体制を充実させる必要がある。[26]「子の利益」となる法整備だけでなく、「子の利益」となるように適正かつ迅速に運用するための財源を十分に確保できるかどうかも、劣らず重要なことでなる。

　法整備の内容だけでなく、財源の確保という問題も残されているが、とにもかくにも、共同親権制度が法制化されるまで、あと一歩のところまでたどりついた。その他の新しい制度を含めて、真に「子の利益」のためとなる制度が構築されるよう、国会で実りのある審議がなされることを願うばかりである。

※脱稿後、2024年4月17日に離婚後の共同親権を認める改正案が衆議院本会議で可決されている。

注

*1　NHK NEWS「『共同親権』導入 法務省は民法などの改正案を今国会提出方針」
　　https://www3.nhk.or.jp/news/html/20240130/k10014340561000.html（2024年1月31日 6時34分配信）

なお、法制審議会家族法制部会の資料および議事録については、法務省:法制審議会-家族法制部会（https://www.moj.go.jp）に掲載されている。

*2 　札幌弁護士会、「記事」（2024年2月26日）https://www.satsuben.or.jp/news_archives/article/2024/02/2514/

*3 　日本弁護士連合会「家族法制の見直しに関する要綱についての会長声明」https://www.nichibenren.or.jp/document/statement/year/2024/240216.html

*4 　事務局長談話「家族法制の見直しに関する要綱案」に対する談話」（2024年01月30日）https://www.jtuc-rengo.or.jp/news/article_detail.php?id=1289

*5 　「親権者の指定の審判又は調停の申立てについては、家庭裁判所の許可を得なければ、取り下げることができないものとする旨の規律や、親権者の指定の審判の申立てがされたものの協議離婚が成立しない場合に対応するための規律を整備するものとする。」との注が付されている。

*6 　前掲*3　日弁連会長声明。

*7 　前掲*1　NHK NEWS。

*8 　前掲*1　NHK NEWS。

*9 　家族法制部会「家族法制の見直しに関する要綱案の取りまとめに向けたたたき台（1）（補足説明付き）」（資料30-2）14頁。

*10 　法制審議会家族法制部会第31回会議議事録PDF版 6頁

*11 　同上8頁。

*12 　同上10頁。

*13 　家族法制部会「家族法制の見直しに関する要綱案の取りまとめに向けたたたき台（2）（補足説明付き）」（資料32-2）7頁。

*14 　本橋美智子「『家族法制の見直しに関する要綱案』における子の監護者指定の要否」http://www.rikon-motolaw.jp/column/m-motohashi/post-954/

*15 　「子の監護に関する処分（面会交流）申立て却下審判に対する抗告審の取消決定に対する許可抗告事件」最決令和3年3月29日集民265号113頁。松本哲弘「父母以外の第三者の子との面会交流審判申立ての許否」民商158巻1号235頁では、「親族関係に基づいて、同居親の監護に関する義務の適正な履行を求めることができるというべきで…面会交流を子の利益中心に考え、父母以外の者との面会交流が子の利益になる場合には…面会交流を求める権利…を肯定でき」るとする。

*16 　前掲*13　家族法制部会「家族法制の見直しに関する要綱案の取りまとめに向けたたたき台（2）（補足説明付き）」（資料32-2）19頁。

*17 　前掲*13　家族法制部会「家族法制の見直しに関する要綱案の取りまとめに向けたたたき台（2）（補足説明付き）」（資料32-2）20頁。

*18 　前掲*13　家族法制部会「家族法制の見直しに関する要綱案の取りまとめに向けたたたき台（2）（補足説明付き）」（資料32-2）20頁。

*19 　前掲*13　家族法制部会「家族法制の見直しに関する要綱案の取りまとめに向けたたたき台（2）（補足説明付き）」（資料32-2）20～21頁。

*20　前掲*13　家族法制部会「家族法制の見直しに関する要綱案の取りまとめに向けたたたき台（2）（補足説明付き）」（資料32-2）21〜22頁、家族法制部会「要綱案の取りまとめに向けた議論のための補足説明資料」（資料35-2）20頁。2 大阪高決令和元年11月29日（前掲最決令和3年3月29日の原決定）は、「父母以外の者であっても、子との間に父母と同視し得るような親密な実質的関係を有し、その者との面会交流を認めることが子の利益に適うと考えられる場合には、民法766条1項、2項を類推適用して、その者と子との面会交流を認める余地があると解される」としている。要綱に即していえば、「父母と同視し得るような親密な実質的関係」が築かれているときは、「子の利益のために特に」第三者との面会交流を認める「必要がある」ことになろう。

*21　前掲*13　家族法制部会「家族法制の見直しに関する要綱案の取りまとめに向けたたたき台（2）（補足説明付き）」（資料32-2）21頁、同「要綱案の取りまとめに向けた議論のための補足説明資料」（資料35-2）20頁。

*22　前掲*13　家族法制部会「家族法制の見直しに関する要綱案の取りまとめに向けたたたき台（2）（補足説明付き）」（資料32-2）21頁。

*23　法制審議会家族法制部会第35回会議議事録PDF版8頁

*24　同上30頁。

*25　前掲*13　家族法制部会「家族法制の見直しに関する要綱案の取りまとめに向けたたたき台（2）（補足説明付き）」（資料32-2）22頁。祖父母や兄弟姉妹以外の親族であって、子の監護にまったく関与していなかったような者から、自らと子との間の交流についての申立てがあった場合も、親族の範囲や監護実績等の要件をみたさないものとして、その余の要件について検討するまでもなく、当該申立てを却下することができると考えられる。家事事件手続法67条1項は、「家庭裁判所は、申立てが不適法であるとき又は申立てに理由がないことが明らかなときを除き、家事審判の申立書の写しを相手方に送付しなければならない。」と規定しているので、申立ての段階でこのような理由により、申立てが不適法または理由がないことが明らかとなった場合、家庭裁判所は、相手方に申立書の写しを送付することなく当該申立てを却下することができると考えられる。同上。

*26　前掲*4　連合、前掲*3　日弁連。

（第5章―本書用に書き下ろし）

事例研究

前調停の面接交渉条項を変更し
父の面接を停止した事例

福岡高那覇支平成15年11月28日決定

平成15年（ラ）第26号

子の監護に関する処分審判に対する即時抗告事件

家裁月報56巻8号50頁——棄却〔確定〕

要 旨

　親権者である母に子との面接交渉を拒絶された父が、母に対し子との面接交渉を求めたところ、父が面接交渉の趣旨を十分に理解していないことから、現状において父と子との面接交渉を認めると、子の精神的安定に害を及ぼす虞が強いので、子の福祉のために、当分の間は面接交渉を認めないとされた事例。面接交渉の強制執行に関する問題については、すでに関西家事事件研究会で釜元裁判官と沼田裁判官により報告されており、そこでは、面接交渉の間接強制についても検討されている。本事例研究は、釜元裁判官と沼田裁判官による報告内容（判タ1087号40頁以下）を踏まえた上で、面接交渉の間接強制に関する2つの裁判例（間接強制申立審判に対する執行抗告事件［家月55巻4号66頁以下］、間接強制申立却下決定に対する執行抗告事件［家月56巻2号142頁以下］）を素材として、面接交渉の間接強制について検討することを目的とする。

【事実の概要】

　X（本件抗告人、原審相手方）とY（本件相手方、原審申立人）とはかつて夫婦であり、その間に本件事件本人2名（長男中学2年生・長女小学6年生）をもうけたが、平成6年、親権者を母であるYと定めて協議離婚した。

　平成7年、Xの申立てにより、YはXに対しXが事件本人らとそれぞれ毎月1

回第2土曜日に面接交渉することを認め、特別な事情がない限り、Xは面接交渉の日時を変更してはならないことなどを内容とする、子の監護に関する処分（面接交渉）の調停が成立した（以下、「前回調停」という）。

　Xは、上記の定めを意に介することなく、たびたび事件本人ら（主として長男）に電話をかけて面会を求めた。しかし、平成14年8月の面接交渉の際、Xが長男の成績が下がったことなどについて厳しく叱責したこともあって、Yは、Xと事件本人らとの面接交渉を拒絶するようになった。

　同年11月、8月以降面接交渉が履行されていないとして、Xが履行勧告の申立てをした。その手続中、Xは、長男を待ち伏せし、同人を車に乗せて学校まで送る、という不正常な方法で面会を繰り返した。

　翌年1月20日、YからXに対し、Xの上記行動に対し、調停条項以外の日時に面接交渉を行うことを止めさせて欲しい旨の履行勧告の申立てがなされた。そして、同月29日、Yより、Xに対し、子の監護に関する処分（面接交渉）の調停の申立てがなされたが、本件調停は不成立となり、本件審判へ移行した。

　本件調停や審判手続において、Xは、調査官に対し、「面接交渉に子どもの意向は反映させるべきではない」などと述べる一方で、Yの教育方針を強く非難している。これに対し、Yは、事件本人らがXに対して正直な気持ちを十分に伝えることができないので、Xとの面接交渉が精神的に負担になっているため、せめて長男が高校に入学するまでの間は面接交渉を中断したいと主張した。原審は、Yの主張をほぼ認めたが、Xはこれを不服として即時抗告した。

【決定理由】

　「面接交渉に関する条項が定められているけれども、その後に事情の変更があり、その条項によっては事件本人らの福祉を害するに至ると認められるときは、家庭裁判所は、同調停を変更することは当然に許されるし、子の福祉のため必要があるときは、面接交渉権を一定期間行使させないとすることもできると解するのが相当である。……面接交渉の内容・回数等につき取り決めがされたにもかかわらず、現実にはXがこれを遵守せずに不規則な形で面接交渉が行われていたことに端を発し、また、主として長男の教育方針に関するYとXとの見解の相違等から、両名の間の感情的対立が激化して深刻な軋轢が生じてい

る状況にあり、このような両親の間の感情的対立が事件本人らに過度の精神的ストレスを生じさせる結果になっているであろうことは容易に推認できるところである。また……Ｘは、……Ｙの監護教育方針に格別不適切なところや問題視すべき点があるわけでもないのに、Ｙの監護教育方針を自己のそれに沿うようにさせようとして介入し、専らそのための手段として事件本人らとの面接交渉を求めている傾向が窺えること、Ｘは、家庭裁判所調査官から、調停係属中に待ち伏せのような形で面接交渉を行うことは不適切である旨の指摘があったにもかかわらず、これを無視して……面接交渉を繰り返していること……等からみると、Ｘは、面接交渉が子である事件本人らの福祉に適うものでなければならないという基本的な視点に欠ける面があることが認められる。

　これらの諸点に徴すれば、現状においてＸと事件本人らとの面接交渉を認めると、親権者であるＹによる有効適切な監護養育に支障が生じ、事件本人らの精神的安定に害を及ぼす虞が強いというべきであるから、事件本人らの福祉のために、前回調停の調停条項を変更し、当分の間は面接交渉を認めないこととするのが相当である。……なお、Ｘには、面接交渉再開にあたり、面接交渉の趣旨を十分に理解し、子の福祉に配慮するといった態度が強く望まれる。」

【参照条文】
　民法766条、家事審判法9条1項乙類4号

分 析

(1) 本件は、当事者間の調停により定められていた面接交渉条項を、子の福祉のために変更し、当分の間は面接交渉を認めないとした事例である。家庭裁判所が、民法766条2項および家事審判法9条1項乙類4号に基づき、このような権限を有することは、過去の裁判例でも肯定されており、実際に、変更または取消しをして、面接を禁じたものもすでに複数ある。[1]

　面接交渉権の法的性質については諸説がある。[2]しかし、面接交渉を制限する、面接交渉条項を変更するまたは取り消す際に、その判断基準を「子の福祉」とすることにはほとんど争いがない。もっとも、具体的には、どのような

場合に制限、変更または取消しを命じることが「子の福祉」に適うのかが問題となる。制限事由の観点からは、近時活発な議論がなされているが[*3]、変更または取消事由の観点から、この問題を論じたものは少ない。したがって、以下では、主としてこの観点から、「子の福祉」の概念を検討することにしたい。

(2) 非親権者親は親権者親による子の監護教育に可能な限り協力することが重要であり、そのためにも面接交渉が行われるべきで、ここでは当然のことながら父母の協力体制が求められる[*4]。面接交渉条項については、非親権者親はこれにしたがって面接する義務を有し、子の福祉の向上の観点からこれに変更を加える必要があれば、協議・調停・審判によって変更することになる。非親権者親が面接交渉条項を守らないとなれば、親権者親のほうからも、条項どおりの面接が実施されるようにと履行勧告を申し立てること、もしくは変更・取消しの調停・審判の手続をとることになる。

　過去の裁判例で、面接交渉条項の変更または取消事由として挙げられたのは、①子が非監護親との面接に対して強い拒否反応を示していること、②面接交渉により子の福祉の向上を図るという意図がまったく窺えなかったこと[*5]、③当事者間に面接交渉を円滑に機能させるための協力体制を作ることができないこと[*7]、などである[*8]。もっとも、①は子の反応であるが、②および③は親の対応であることから、これらの諸点につき相反する事態が存在することも考えられよう。そのときには、子の福祉の向上は面接交渉の本来的な目的であり、これを理解していなければ、そもそも面接交渉を認めるべきではなかったと解されることから、②の事由は、他の2つよりも重視されるべきである。本件の場合、②および③に相当する事実の存在は確認できるが、①の事由に相当する事実が存在したかどうかは定かでない。しかし、わざわざ最後に「Xには、面接交渉再開にあたり、面接交渉の趣旨を十分に理解し、子の福祉に配慮するといった態度が強く望まれる」と述べていることから、②の事由の存在を最も重視したと思われる。上述の理由により、この点は首肯できるところである。

　ただし、親権者親が反対しているといった③に該当する事実はあるが、①の事実はないといった場合はどうか。このとき、面接交渉をさせないことが、「子の福祉」に適わないと言えるだろうか。

(3) この点に関して、面接交渉の制限に関する事例ではあるが、類似の事実を扱った裁判例がある。離婚に至った経緯等から父母間の対立が激しく、親権者親が面接交渉に反対していたが、裁判所は、次のような理由で、中学2年生の男子については面接交渉を認め、逆に小学4年生の女子については認めなかった。「親権者親の意思に反した面接交渉は、……特別の事情が存在すると認められるときでない限り、これを回避させるのが相当であるといえる。もっとも、……子が単独で非親権者親と面接交渉することが可能である場合にあっては、親権者親が反対であっても、面接交渉によって子の福祉が害されるおそれは比較的少ないといってよく、非親権者親が不当な動機に基づき面接交渉を求めているような場合を除き、原則としてこれを肯定することができる[9]」。これによると、③の事実が認められるだけでは面接交渉を中断させるに足る事由とはならない。その結果、③よりも①が優先されるということになる[10]。面接交渉の変更・取消しの事例においても、参考にすることはできるのではないか。

注

[1] 浦和家審昭56.9.16 家月34巻9号81頁、浦和家審昭57.4.2 家月35巻8号108頁、東京高決昭60.6.27 判タ601号60頁。

[2] 本件では、平成16年3月末日までの間面接交渉を一切認めないとしたうえで、同年4月以降も、「事件本人からXに対して面接を希望する旨の連絡があった場合に限り、面接交渉を認める」こととし、また、Yは「事件本人らがXに連絡をとることを妨げるようなことをしてはならない」としていることから、子の権利説に立脚していると解される余地もあろうか。面接交渉権の法的性質をめぐる諸説については、拙稿「面接交渉権の法的性質に関する一考察」関法52巻3号146頁以下（2002）。

[3] 山口亮子「父との面接交渉は子の福祉を害するとして棄却した事例」民商127巻1号149頁以下（2002）、合田篤子「暴力が原因の離婚した父からの面接交渉申立て」民商128巻6号104頁以下（2003）、犬伏由子「離婚訴訟中でDV保護命令下の父との面接交渉」民商129巻6号169頁以下（2004）。

[4] 横浜家審平8.4.30 家月49巻3号75頁。

[5] 浦和家審昭56.9.16 家月34巻9号81頁。

[6] 浦和家審昭57.4.2 家月35巻8号108頁。

[7] 東京高決昭60.6.27 判タ601号60頁。

*8　これらは、面接交渉の制限事由として、過去の裁判例および学説で認められてきた事由とほぼ同じである。山口・前掲*3　151〜152頁、合田・前掲*3　106〜107頁、犬伏・前掲*3　172頁。

*9　横浜家審・前掲*4。

*10　面接交渉の制限という観点からであるが、過去の裁判例および学説は、同様に、父母の対立・葛藤それ自体は面接交渉を制限するに足る決定的事由ではないと解する傾向が強い。山口・前掲*3　152頁、犬伏・前掲*3　172〜173頁も、これを肯定する。

（事例研究1─初出／有斐閣『民商法雑誌』第132巻第4・5号 p.226〜230）

第三者の立会い・指示を条件に
面接交渉を認容した事例

東京家裁平成18年7月31日審判

平成17年（家）第10901号

子の監護に関する処分（面接交渉）申立事件

家裁月報59巻3号73頁──認容〔確定〕

要 旨

　未成年者を養育している母が面接交渉の相当な時期および方法等を定めることを求めた事案において、父母間には面接交渉についての信頼関係が十分に形成されていないうえ、父母が直接対面することを未成年者が嫌がるなどの事情があり、父母双方が家庭問題を専門的に扱う第三者を介して面接交渉を行うことに同意していることから、第三者の立会いのもとに面接交渉を実施し、面接交渉の方法等については、その指示に従うことを命じた事例。

【事実の概要】

　申立人Ｘ（母）と相手方Ｙ（父）は、平成6年に婚姻、翌年Ａがうまれたが、平成15年、ＸはＡを連れて、別居した。

　平成16年、次のような調停が成立した（以下「前回調停」という）。①日時等については、子の福祉を慎重に考慮し、双方事前に協議して定めること、②宿泊付きの面接交渉については、Ｘにおいて検討することを条件に、ＹがＡと1ヵ月半に1回程度の面接交渉を行うことを認める。これに基づき、翌年1月下旬に実施する予定だったが、代理人の立会いを条件とすることについて、双方の意見が対立し、結局同年2月に、Ｘ側代理人立ち会いのもと実施された。しかし、Ａが両親の直接の対面を嫌がっているので、次回は立ち会ってほしいと

のX側代理人の要望に、Y側代理人が応じなかったため、X側代理人は3月の面接交渉を拒否する旨を通告した。そこで、Yは面接交渉の履行勧告を申し立て、調査官による調整の結果、面接交渉が再開されることになり、5月に実現した。6月、Y側代理人は、X側代理人に対して、次回の面接希望日を伝えた際に、Aは××を題材にした漫画が好きなので、8月の面接交渉では××の試合を観戦したいと提案した。これに対し、X側代理人が、当日は先約が入っている旨回答したので、Y側代理人は、Aがその先約を楽しみにしているのであれば了解するとしつつ、どちらを選ぶかAに検討させて欲しいと伝えたところ、X側代理人は、先約を優先したいとの意向であると回答した。ところが、6月の面接時に、YがAに尋ねたところ、Aにはこの提案が伝えられていなかったようだったので、この点につきX側代理人に釈明を求めたが、X側代理人はAには伝えた旨回答し、平行線のまま終った。その後、Y側代理人は、8月に宿泊を伴う面接交渉を実施するよう提案したが、X側代理人は、Aがこれを拒否していると回答し、結局、宿泊を伴わない面接交渉が実施された。これ以降、面接交渉は行われていない。Xによれば、AがYとの面接交渉を拒否しているためである。

　平成18年3月、Yが提起していた離婚訴訟について、判決が下された。同判決は、面接交渉が実現できなかったのは面接の条件等があわなかったからで、Xにのみ責任があったわけではないとしている。また、調査官の調査結果によれば、Aは甘えん坊の性格で、不快なことがあればXに慰めを求めることで気持ちを整理するなど、XはAにとって心の拠り所になっている。他方で、Aには、同居中にXY間で繰り返された争いについて生々しい記憶が残っており、再び争いがおきないかなど不安を感じている様子であった。

　本件において、Yは、①面接は毎月実施するものとし、待ち合わせ場所はYが指定する場所とすること、②面接の際Aとの会話について禁止事項をもうけないこと、③宿泊を伴う旅行を半年に1回実施すること、④通信簿等の情報を開示することを求めていた。これに対して、Xは、①面接は1ヵ月半に1回実施し、場所は社団法人○○の所在地もしくは同職員が同行しやすい場所で実施する、②面接交渉中に、Xの言動等を尋ねるなど、Aが返答に窮すべき事項の質問は避けるべきである、③宿泊を伴う面接交渉は現状では難しい、④現時点で

情報を開示することは困難である、としていた。

【裁判理由】

「父母が離婚した場合も、未成熟子が非監護親と面接交渉の機会を持ち、親からの愛情を注がれることは、子の健全な成長、人格形成のために必要なことであり、面接交渉の実施が子の福祉に反するなどの特段の事情がない限り、これを認めるのが望ましい。しかし、面接交渉が子の健全な成長、人格形成のためであることに鑑みると、その程度、方法には、自ずから一定の限度があり、子の心理面、身体面に与える影響、子の意向等を十分配慮する必要があるし、真に子の福祉に資するような円滑かつ安定的な面接交渉を実施するには、父母相互の信頼と協力関係が必要である。」「本件は、紛争性が強い事案であり、未成年者は……同居中の両親の争いについて生々しい記憶を有していること……前回調停で合意された面接交渉すら具体的内容について折り合いがつかないなどの理由でそのとおりには実施されておらず……これまでの面接交渉の状況から未だ申立人と相手方との間に面接交渉についての信頼関係が十分に形成されているとはいえないことを総合考慮すると……前回調停を上回る割合ないし宿泊付の面接交渉を認めることは、現時点では時期尚早であり……真に子の福祉に資するような円滑かつ安定的な面接交渉を期待することが困難となるおそれがある」。通信簿などの情報の開示は、「面接交渉の実現とは直接関係がない事柄であり、……むしろ、……これらの開示を求めることは、かえって未成年者の養育のありようをめぐって新たな紛議をもたらし、未成年者をその渦中に置くこととなるおそれがある」。「面接交渉において未成年者の生活状況をあれこれ詮索したり、申立人の言動の真偽について未成年者に意見を求めたりすることは未成年者を申立人と相手方の紛争に巻き込み……、子の福祉に反するから、許されるべきではない。」「当事者双方は、本件面接交渉を社団法人〇〇を介して行うことに合意しているところ、今後、面接交渉を円満かつ安定的なものに、長期に継続するためには、同職員又はその指定する者……の立ち会いのもとに実施する必要がある……面接交渉の日時、場所、方法、同交渉の際の留意事項、禁止事項について、社団法人〇〇の職員の指示に従わなければなら」ない。

【参照条文】

　民法766条、家事審判法9条1項乙類4号

分　析

(1)　本件は、父母間の紛争性が強いことなどを考慮し、当事者間の調停で定められていた面接条項を変更し、新たに第三者を関与させることを条件に、面接交渉が認められた事例である。家庭裁判所が、民法766条2項および家事審判法9条1項乙類4号に基づき、既定の面接条項を変更する権限を有することは、過去の裁判例でもほぼ一貫して肯定されてきた。また、過去の裁判例には、本件と同様に、父母間の紛争性が強いことを、面接交渉条項の変更事由として挙げたものがある。[*1] 学説上も、これを面接交渉の制限事由とすることには異論がないことから、[*2] 本件のような場合に、「真に子の福祉に資する」ならば、調停条項を変更することは許されると言うことができよう。したがって、本件では、第三者を関与させることがこれにあたるか否かが問題となる。

　過去の裁判例には、特定の家庭裁判所調査官の指示に従うことを定めたもの[*3] や、家庭裁判所調査官を特定せずにその関与をしめすものがあり、[*4] また、家事審判規則第7条の5を根拠として、これを肯定する学説もある。[*5] しかし、本条は、事件が係属していることを条件に、調査官の関与を認めるものであるから、[*6] 面接交渉の調停条項や審判の主文に調査官の関与を明示し、事件終結後も調査官を関与させることについては、理論上の問題があるだけでなく、[*7] 転勤や庁内の事務分配の変動があった場合に当該調査官が関与できなくなるなど、運用上の問題もあるとして、これに疑義を呈する向きもある。[*8] このように、調査官を関与させることの可否については見解が分かれているが、調査官以外の第三者を関与させることについては、明文の規定がなく、係属中であることを要しないことから、学説・実務ともに、これを認める傾向が強い。[*9] また、調査官以外の第三者を関与させる可能性を示唆している事案（東京高決平成2年2月19日　家月42巻8号57頁）や、乳児院の職員同席での面接交渉を認めた事案（大阪高決平成4年7月31日　家月45巻7号63頁）、さらに弁護士または親族の立会いを条件としている事案（名古屋家審平成2年5月31日　家月42巻12号

51頁) など、すでにいくつかの裁判例もある。もっとも、本件では、面接交渉の日時・場所・方法にとどまらず、同交渉の際の留意事項・禁止事項についても、指定された第三者の指示に従わねばならないとされているように、第三者に広範な権限が付与されており、その意味で、過去の裁判例とはいささか様相を異にする。

　本件で、第三者を関与させるに至った事由として、直接挙げられているのは当事者間の合意であるが、父母間の紛争性の強さ、父母双方の代理人による調整が十分に機能していなかったことなども、少なからぬ影響を与えたと思われる。

　これらの事由を総合的に勘案したうえで、第三者を関与させることが面接交渉の実現に不可避であり、ひいては子の福祉に適うとされたのであろう。もっとも、家庭裁判所が果たすべき後見的機能に鑑みれば、本件のように、第三者にここまでの権限を付与してしまうことには、若干ためらいを覚える。当事者間の合意があるとはいえ、職務放棄との誹りをうけかねないところであり、このような方法が適切かどうかは、なお慎重な検討を要する。いずれにしろ、当事者間の合意は最低限必要だが、面接交渉を円滑に実施させることこそが肝要であるとすれば、第三者の範囲も自ずから限定されることになろう。すなわち、単に家庭問題を専門にしているだけでは不十分であり、面接交渉に関して相応の実績を積み重ねていることが必要ではないか。仮に、このような機関を利用することで、面接交渉の認められる可能性が広がるとしても、その際には相応の費用がかかる[10]。それゆえ、父母に経済的余裕がないときには、利用を断念せざるを得ない[11]。その利用を促進するためには、面接交渉の援助が無料または安価で受けられるような公的制度の設立を検討する必要もあろう[12]。

(2) また、裁判所は、通信簿などの情報の開示について、「これらの情報の開示を求めることは、……新たな紛議をもたら」すおそれがあるとし、Yの主張を認めなかった。これは、いわゆる「親の子に関する情報アクセス権[13]」の問題と捉えることもできようが[14]、面接交渉の代わりとして、子の通知簿の写しなどを非監護親に送付するよう判示した事例[15]があるように、従来直接の面接交渉が適当でない場合の代替手段として認めるべきではないかという文脈で議論され

てきた。すなわち、アメリカでは、子どもの学校での成績などに対する身上報告請求権が非監護親に認められているが、わが国にはこの種の規定がない。それゆえ、「子との継続的交流を維持し、監護養育の責任を果たす可能性のある親に、間接的な面接交渉の方法として」、「広い意味での面会交流の態様として権利化すべきではなかろうか[*17]」、と。傾聴に値する見解であるが、直接面接が認められている場合に、あわせて「情報アクセス権」を認める必要があるか否かは、やはり別途検討すべき事柄だろう。確かに、面接をスムーズに行うためには、非監護親が、ある程度子に関する情報を得ておく必要もあろう。それゆえ、本件のように、通信簿などの情報の開示が「面接交渉の実現とは直接関係がない事柄[*18]」であるとは必ずしも言いがたい。もっとも、離婚後も、非監護親は、可能な限り監護親による子の監護教育に協力することが重要であり、非監護親は監護親の監護教育方針を尊重する方法で面接交渉を実施していくことが[*19]求められるので、「情報アクセス権」を監護親の監護方針へ干渉するために用いることは許されないし、「未成年者の養育のありようをめぐって新たな紛議をもたらし、未成年者をその渦中に置くこと」などあってはならない。その意味で、当事者間に面接交渉についての信頼関係が十分に形成されていないことを考慮すれば、本件の判断は妥当だろう。反対に、紛議をもたらすおそれがなければ、非監護親に対して面接交渉と「情報アクセス権」がともに認められる余地もあろう。

注
*1　詳しくは、拙稿「前調停の面接交渉条項を変更し父の面接を停止した事例」民商132巻4・5号686頁（2005）。
*2　拙稿・前掲*1　689頁
*3　東京家審昭39.12.14（家月17巻5号55頁）、東京家審昭44.5.22（家月22巻3号77頁）、京都家審昭47.9.19（家月25巻7号44頁）など。
*4　東京高決昭52.12.9（家月30巻8号42頁）、大阪家審昭54.11.5（家月32巻6号38頁）、京都家審昭和57年4月22日（家月35巻9号105頁）など。
*5　斎藤秀夫ほか編『注解家事審判法（改訂版）』［沼邊愛一］364頁（1992）。
*6　斎藤秀夫ほか編『注解家事審判規則（改訂版）』［山田博］60〜61頁、82〜83頁（1992）。

*7　「主文では書けない」との梶村発言（「21世紀の家族法」判タ1073号72頁（2002））。また、若林昌子「離婚後の面接交渉権その一」232〜233頁『講座現代家族法第三巻親子』（有斐閣，1992）。

*8　最高裁判所事務総局家庭局「高等裁判所管内別家事事件担当裁判官同概要」家月31巻11号42頁（1979）。

*9　学説として、棚村政行「離婚と父母による面接交渉」判タ952号63〜64頁（1997）、二宮周平「別居・離婚後の親子の交流と子の意思（一）」戸籍時報574号15頁（2004）。実務については、濱野昌彦＝大野恵美「面接交渉における調整活動」家裁調査官研究紀要第5号38〜69頁（2007）。調停の段階で、FPIC（家庭問題情報センター）などの利用を条件に、面接交渉の合意がなされることもあるとされる（同上、48〜50頁）。なお、FPICでは、面接交渉の立会い、場所の提供、面接日時・場所の連絡などの援助、面接交渉に関する心理相談などを行っているという（瓜生武＝山口恵美子「面接交渉の実情と実行のための援助」判タ896号10頁（1996））。

*10　本件評釈・山口亮子「面接交渉の実施にあたり、第三者を介在させることを命じた事例」判タ1241号56頁（2007）。

*11　筆者がFPIC（東京）より入手した資料によると、面接交渉の援助費用は以下のとおりである。①連絡調整型：1回 2,000〜5,000円、②送迎型：1回 5,000円〜15,000円、③付添型：1回 15,000円〜30,000円。

*12　濱野＝大野・前掲*9　56頁。

*13　わが国と比べると、離婚後の面交交渉の実施が一般的であるアメリカでは、第三者機関を利用する面接交渉の方法として、裁判所が命ずる監視付き面会交流（supervised visitations）という制度がある。このサービスの多くは民間の非営利団体で運営されており、たとえば、ロサンゼルスで監視付き面会交流を行っている民間非営利専門機関（この機関は、カリフォルニア州裁判所事務総局より資金提供を受けている）では、年収による低廉なスライド制料金となっているという（棚村政行「アメリカの子の監護交流調整制度の実情と課題」戸籍時報603号25頁（2006））。また、山口・前掲*10　54〜55頁。

*14　棚村・前掲*9　68頁。

*15　山口・前掲*10　55頁。

*16　京都家審平18.3.31（家月58巻11号62頁）。

*17　棚村・前掲*9　62頁。棚村教授は、この権利を「子に対する親の義務を果たすための手段的権利であり、かつ子との交流維持の権利ともいえよう。」とされている。同上、68頁。

*18　山口・前掲*10　55頁。

*19　横浜家審平8.4.30（家月49巻3号75頁）。

（事例研究2―初出／有斐閣『民商法雑誌』第137巻第1号 p.111〜117）

面接交渉と未成年者の福祉

---

①東京高裁平成19年8月22日決定

平成19年（ラ）第455号

子の監護に関する処分（面接交渉）審判に対する抗告事件

家裁月報60巻2号137頁──取消・却下〔確定〕

要 旨

　父（相手方）から母（抗告人）に対して、面接交渉を求めた事案の抗告審で、母は、父に対して強い不信感を抱いており、未成年者らも将来はともかく、現在は父との面接を希望しない意思を明確に述べているような状況で面接交渉を実施すれば、未成年者らの福祉を害するおそれが高いと考えられるため、面接交渉を認めることは相当ではないとして、原審判を取り消し、面接交渉の申立てを却下した事例。

【事実の概要】

　抗告人Ｘ（母）と相手方Ｙ（父）は、平成6年に婚姻した。翌年長男が、その2年後に次男が出生した。しかし、しだいに、子育て、家庭生活における相互の役割に関する理想像などの相違から婚姻関係の継続が困難な状況となった。平成13年、Ｘは、Ｙとの間の感情的軋轢などによるストレスから精神的に不安定な状態になり、休養のため実家に単身帰省し、以後、同所において生活するようになった。

　Ｘは、Ｙが未成年者ら宛ての電話を一切取り次がなくなったことなどから、翌年、未成年者らを通園先から連れ帰り、以後、未成年者らを監護養育するようになった。その後、Ｘは、Ｙとの離婚を求める訴訟を提起するにいたった。

　同年、Ｙは、未成年者らとの面接交渉を求める調停を申し立てた。しかし、

翌年に行われた調停期日の際、Xおよび未成年者らの居所を突き止めるため、Xの代理人弁護士に対し、未成年者らの誕生日祝いと称して、位置情報確認装置を内部に潜ませたラジコン入りの小包を宅配便で送るよう依頼した。Xは、これを受領したが、上記装置を発見したため、その後間もなく転居した。

　結局、この調停事件も不成立となり、未成年者らとの面接交渉を求めるYの申立てを却下する旨の審判がされた。ここでは、現時点でXがYに対し抱いている強い不信感と恐怖感は、Yが用いたスパイもどきの工作によるものであり、Xの意に反する面接交渉を許可した場合には、未成年者らの福祉に重大な支障をもたらす危険性が大きいことなどから、少なくとも、親権者などが確定するまでの間は、Yと未成年者らとの面接交渉を許可するのは相当でないとされている。

　平成16年、Xが提起した離婚訴訟において、Xを親権者と定める判決が言い渡された。

　平成17年、Yは、本件審判を申し立てた。Yは、未成年者らと直接面会することを求めているが、その方法、程度はXの提示する条件に従う意向を示している。これに対して、Xは、上記審判において却下の理由とされた諸事情は解消されておらず、面接交渉の実施は時期尚早であるとして、本件申立ての却下を求めた。

　原審は、Yが上記のような依頼をしたことについては反省の意を示し、今後、未成年者らを連れ去ったり、居所を調べるつもりはないと述べていること、未成年者らが、現時点ではYとの面接交渉に消極的な意向を示しているものの、将来的にはYとの面接交渉を受け入れる意向を示していることなどから、Xに対し、一定の条件の下で、Yが未成年者と面接交渉することを許さなければならないとした。Xは、これを不服として、本件の抗告をした。

【裁判理由】

　「離婚の際に未成年の子の親権者と定められなかった親は、子の監護に関する処分の一つとして子との面接交渉を求めることができるが、その可否は、面接交渉が現実的に子の福祉に合致するかどうかという観点から判断されなければならない。」「これを本件について検討してみると……未成年者らは、……い

ずれも、将来はともかく現在はY……と面接はしたくないと明確にその意思を述べている。」「Xにおいても、Yが……位置情報確認装置を密かに送付したり、Xら親子の居所を探索するために親類や恩師に対して脅迫的言辞を用いたことがあったこと……などから、Yが未成年者らを連れ去るのではないかとの強い恐怖心をいまだに抱いていることが認められるのであり、Yの面接交渉に関する行動につき信頼が回復されているとはいいがたい。

　そして、未成年者らがYとの面接交渉に消極的な姿勢を示しているのは、このようなXの心情を察していることも一因となっているものと考えられる。」「そうしてみると、現在の状況において、未成年者らとYとの面接交渉を実施しようとするときには、未成年者らに対してYに対する不信感に伴う強いストレスを生じさせることになるばかりか、未成年者らを……Yと……Xとの間の複雑な忠誠葛藤の場面にさらすことになるのであり、その結果、未成年者らの心情の安定を大きく害するなど、その福祉を害するおそれが高いものといわなければならない。」「したがって、現在の状況においては、未成年者らとYとの面接交渉を認めることは相当ではない。」「ただ、未成年者らが父親との間で言葉を交わすなどして心情の交流を図ることは、未成年者らの精神面の発達……にとって不可欠で……あり、……Xにおいても、未成年者らの健全な発育、成長を真剣に願うのであれば、その重要性について十分な認識を抱いて、……そのための環境作りに工夫し努力する必要がある……今後、双方当事者においては、……まずは手紙の交換など未成年者らとYとの間接的な交流の機会を設けるなどして、……面接交渉の環境が整うよう格段の努力が重ねられることを期待したい。」

【参照条文】

　民法766条、家事審判法9条1項乙類4号

②さいたま家裁平成19年7月19日審判

平成18年（家）30272号

子の監護に関する処分（面接交渉）申立事件

家裁月報60巻2号149頁──認容〔確定〕

要 旨

　未成年者が面接を希望しているとして、母（申立人）から父（相手方）に対して、面接交渉を求めた事案で、父母間の葛藤は根深いものがあり、面接交渉の早急な実施は父母双方にとって精神的負担を負わせることになるだけでなく、未成年者の心情に必ずしもよい影響を与えられるとは言い切れないため、当分の間、間接的に手紙のやり取りを通じて交流を図るのが相当であると判断された事例。

【事実の概要】

　申立人X（母）と相手方Y（父）は、平成9年に婚姻、翌年長女が生まれたが、XがYの不貞関係を疑ったりするなどし、しだいに不仲になった。平成11年、夫婦関係調整事件が双方から申し立てられ、翌年、調停離婚が成立したが、面接交渉に関する条項はなかった。平成14年、YはAと再婚、平成16年に長男をもうけている。

　この間、Xは、婚姻中から交際していたAと再婚したから、裁判にもっていきたい旨をYの留守番電話に吹き込んだことがあった。また、Xが、A女の実家近辺を歩いているところを目撃されている。そのため、Yは、自宅などに不必要な電話をしないこと、自宅、妻の実家や勤務先の周辺で、尾行するなどの行為をやめてもらいたい旨の内容証明郵便をXの父宛に送付した。

　Xは、Yから婚姻中に暴力をふるわれたことを訴え、しかも、Yが離婚前からAと交際していたと確信しているので、Yを許せないと考えている。したがって、Xは、未成年者がYと面接することを望んではいない。しかし、未成年者に対しては、Yはとてもよい父親であるが、事情があって別々に暮らして

いると説明している。

　本件が審判移行した後、未成年者は、Ｙに手紙を送ったり、Ｙの携帯電話に電話をかけたりしている。しかし、Ｙが何ら応答しないので、Ｘは手紙の返事を書いてもらいたいという伝言をＹ留守番電話に入れた。

　Ａは、Ｙが未成年者と面接交渉することに消極的である。Ｙは、未成年者と面接することによって、Ｘとの間で、また紛争が生ずることを懸念している。しかし、未成年者宛に手紙の返事を書くことまでは応ずることができると考えている。

【裁判理由】

　「未成年者は……離婚時には2歳になったばかりであるから、父親であるＹの記憶は全くないものと考えられ、Ｙに会いたいという未成年者の思いは、抽象的な父親像に留まっているものと推察される。」「また、未成年者は、ＸとＹが離婚していることなど、正確な事情を伝えられていないことが窺われる。」「したがって、ＸやＹの面接交渉への姿勢を始めとして周辺の環境が整えられないと、面接交渉を実施させることは、未成年者の福祉に沿わない結果を招来する危険がある。」「Ｘは、未成年者をＹに会わせたくないと考えており、Ｙに対しては、……心理的清算ができていないことが窺われるところであるが、未成年者の気持ちを尊重して本件申立てをしたと主張しており、面接交渉を実施することが、Ｘに加重な精神的負担を与える可能性がある。」「Ｙは、Ｘの離婚前後の言動から、面接交渉によってＸとの紛争が再燃することをおそれている。また、……Ａが、Ｙと未成年者との面接交渉について消極的であることからすれば、面接交渉の早急な実施は、再婚家庭の環境を乱し、Ｙの精神的不安を招く懸念がある。したがって、Ｙには、未成年者の福祉を目指した前向きな姿勢での面接交渉を期待できない状況にあり、面接の実施が、必ずしも未成年者の心情に良い影響を与えられるとは言い切れない。」「以上を踏まえると……、将来的に完全に面接交渉を禁止すべき事情は窺われないものであるにしても、……直接の面接交渉を早急に実施することは、未成年者の福祉に必ずしも合致するものではなく、消極的にならざるを得ない。」「将来的には、環境を整えて、面接交渉の円滑な実施が実現できるようになることが期待されるが、当分の間は、間

接的に、手紙のやり取りを通じて交流を図ることとするのが相当である。したがって、Yから未成年者宛の手紙を年4回、3ヵ月ごとに書くことを命ずる」。

【参照条文】

民法766条、家事審判法9条1項乙類4号

分 析

(1) 父母の離婚後に、子はそれまで親密な関係を有してきたにもかかわらず、監護者とならなかった父母の一方との接触を維持することが難しくなる。この関係を少しでも維持するために面接交渉が利用されている。面接交渉の内容としては、宿泊や学校行事への参加などの直接的な親子面接が中心であるが、電話連絡、手紙、電子メールのやり取り、非監護親からのプレゼントの送付、監護親から非監護親へのビデオや写真、子の通知表の写しの送付などの間接的な面接交渉もしばしば行われている。[*1]

　面接交渉の認否の判断基準は、「子の福祉」であり、一般に、子が面接交渉を望まない場合や、面接交渉により父母間の紛争が再燃し、子に好ましくない影響が予想される場合には、子の福祉に反するとして面接交渉は認められないと考えられている。[*2]しかし、事件①の抗告審および事件②のいずれも、直接的な面接交渉を実施すれば、子の福祉を損なうおそれがあると認定しながらも、間接的な面接交渉を推奨または命じている。それゆえ、認否の判断基準はひとしく「子の福祉」であるが、間接的な面接交渉の認否を決する際には、直接的な面接交渉の場合とは異なる要素を考慮しなければならないということになる。

　これらの事件のように、直接的な面接交渉を認めない一方で、間接的な面接交渉を推奨したまたは命じた裁判例はいくつかある。たとえば、非監護親である母親（申立人）が、実父および養母と同居している小学2年生の未成年者との面接交渉を求めた事件（以下、事件A）[*3]では、現時点での未成年者の意向や父母間の係争状態が審判直前まで継続していたことから、面接交渉を認めることは相当でないとされたが、未成年者の「現状に関する一定の情報を申立人に

与え、将来の……面接を円滑にすることは、未成年者の福祉のためという観点から十分意義」があるとされ、実父（監護親）および養母に対して、非監護親へ子の通知簿の写しと写真を送付するよう命じられた。また、非監護親である父親が4歳と2歳の未成年者との面接交渉を求めた事例（以下、事件B[*4]）では、未成年者らの年齢などの諸事情を考慮すると、面接交渉を認めるのは時期尚早だが、未成年者らの健全な成長のためには、父の愛情も必要であることなどを考慮し、監護親に対して、未成年者らの発育状況について自発的に信書または写真を非監護親に送付などすることが望ましいとされた。

　これらの事例にそくして言えば、子が将来的には面接交渉を望む可能性はあるものの、現時点では会うことを否定する意向を示している場合や、離婚時の子の年齢や父母間の関係などから、直接的な面接交渉を実施することが子の福祉に適わないおそれがある場合に、将来の面接を円滑にするために、間接的な面接交渉が推奨または命じられている。このような目的であるがゆえに、子の福祉に適うと考えられているのである。

　上記のように、間接的な面接交渉には、いくつかの形態が考えられるが、大別すると、非監護親が子の情報を一方的に知ることができるにすぎないものと、非監護親と子との間に双方向の交流を可能にするものとに分けることができる。

　事件AおよびBのように、監護親に対し通知簿などの開示（いわゆる「情報アクセス権」）や子の写真の送付を命じたりすることは、前者にあたる。これに対し、事件①および②のように、手紙などの交換を命じたり推奨したりすることは、後者にあたる。事件②およびAのように、監護親が再婚しているような場合や、子が幼少で監護親の協力がなければ双方向の交流が実現しないような場合で、監護親の協力が期待できないようなときには、前者の形態が用いられることになろう。

　ただし、通信簿などの情報の開示は、「面接交渉の実現とは直接関係がない事柄であり」、開示を求めることで、未成年者の養育のありようをめぐって新たな紛議がもたらされるおそれがあるとして、開示を認めなかった裁判例もある。[*5]

　情報の開示が「面接交渉の実現とは直接関係がない事柄」と言い切ってしまうことにはためらいを覚える。しかし、間接的な面接交渉を積み重ねても、将

来の面接が円滑になる保障がないことも確かであり、その意味では、こうした手段が必ずしも子の福祉に適うとは言えない。いずれにせよ、この点は個々の事情に大きく左右されるところであり、間接的な面接交渉を命じる際には、常に念頭においておくべきことである。

(2) 従来、面接交渉の問題は、非監護親が監護親に対して、訴えを提起するというかたちで争われることが多かった。

　ところが、事件②は、監護親（親権者）である母が、子の意思をくみ、非監護親（非親権者）である父親に面接交渉を求めたものである。この相違に着目し、本件を「面接交渉が、親の権利だけではなく子の権利でもあり、子の権利に対応した親の義務であるということを示すことのできる格好の事例[6]」と捉えるむきがある。すなわち、面接交渉は子の権利であり、「この子の権利に対応した親の義務として、面接交渉は捉えられるべきである。[7]」とする。そして、「本件の場合、面接交渉の取り決め自体がなされていなかったことから、子の意向に基づいて親権者母が子の監護処分に関する申立権を行使したのは当然であり、非親権者父は面接交渉の実現にむけて協力する義務がある。[8]」という。

　評者も、かつて面接交渉権を「子の権利」と捉えるべきであるとする論を展開したことがある。[9]基本的に、現在でもその考えは変わっていない。しかしながら、「将来的には、環境を整えて、面接交渉の円滑な実施が実現できるようになることが期待される」という謙抑的な表現を用いているこの事例から、面接交渉の権利性にとどまらず非監護親の協力義務までも導くことには、疑問の念を禁じえない。謙抑的な表現に加え、結果的には、間接的な面接交渉を命じたものの、もともと非監護親が応ずることができるとしていたことを求めたにすぎないからである。

　往々にして、日本の裁判所は、この点については立ち入らず、個別具体的な判断をしてきた。最高裁も面接交渉を「子の監護の一内容」と述べるに止めている。[10]本件が、こうした一般的な傾向から逸脱する画期的な事例と解するに足る論拠は窺えない。それゆえ、面接交渉の権利性や親の協力義務を示すことのできる「格好の事例」とは到底言えない。

　子自身が面接交渉の実現のために原告となっている場合で、監護親もしくは

非監護親に対する損害賠償が認容されたといった事例ででもない限り、そのような解釈を導くことは難しいと思われる。[11]

注

*1　榮春彦＝綿貫義昌「面接交渉の具体的形成と執行」333頁『新家族法実務体系2』（新日本法規, 2008）。

*2　山田美枝子「面接交渉の認否と方法についての判断基準――四つの事例」民商137巻1号99頁以下（2007）。榮＝綿貫・前掲*1　334頁以下。

*3　京都家審平18.3.31（家月58巻11号62頁）。

*4　大阪家審平5.12.22（家月47巻4号45頁）。

*5　東京家審平18.7.31（家月59巻3号73頁）、拙稿「第三者の立会い・指示を条件に面接交渉を認容した事例」民商127巻1号111頁以下（2007）。

*6　中村恵「離婚後、未成年子の希望により親権者が非監護親に対し面接交渉を求めた事例」TKCローライブラリー民法（家族法）No. 24【Z18817009-00-040240222】3頁。

*7　中村・前掲*6　2頁。

*8　中村・前掲*6　2頁。

*9　拙稿「面接交渉権の法的性質に関する一考察」関法52巻3号146頁以下（2002）。

*10　最決平12.5.1 民集54巻5号1607頁。権利性を否定する説が、有力視される一因である。本山敦「面接交渉の権利性」司法書士414号48頁（2006. 8）。この点に関して、面接交渉を子の権利とすると、非監護親は「嫌々ながらでも」子と面接交渉をしなければならず、反対に、親の権利とすると「子が同様の目に遭う」という難点が指摘されている（本山「同上」）。しかし、一概にそうは言えないだろう。なぜなら、このような場合には、「子の福祉」に適うものではないとして、そもそも面接交渉自体が認められないと考えられるからである。

　　　たしかに、「約束通り面接交渉を続けなければ債務不履行責任や不法行為責任を問われ」（本山「同上」）る可能性はあるが、そのような請求が認容されることはまずないだろう。それゆえ、権利性を完全に否定する論拠にはならないと思われる。さらに、子の権利とすれば、子の福祉に適う場合には、継親や祖父母との面接交渉を求める途が開けるという利点もある。この点について、詳しくは、拙稿・前掲*9。

*11　非監護親による面接交渉の不実施に対して、面接交渉は子の権利であるとして、子が損害賠償を請求した事例として、大阪地判平成17年10月26日（未公刊）。もっとも、裁判所は、面接交渉が誰の権利なのかという一般論には答えなかった。詳しくは、本山・前掲*10　46頁以下。

（事例研究 3―初出／有斐閣『民商法雑誌』第140巻第1号 p.112～120）

面会交流の頻度と子の福祉

大阪高裁平成22年7月23日決定

平成22年（ラ）第584号

子の監護に関する処分（面接交渉）審判に対する抗告事件

家裁月報63巻3号81頁——変更〔確定〕

【事実の概要】

　抗告人兼相手方（原審申立人）X男（以下X）と抗告人兼相手方（原審相手方）Y女（以下Y）は、平成19年に婚姻し、平成20年に未成年者A（以下A）が出生した。しかし、Yは、妊娠中の自己を思いやらないXに次第に不満を募らせるようになり、ついにAを連れ実家に戻り、Xと別居するにいたった。

　Xは、別居後Yの実家付近で、Aと数回面会交流を行った。Yによれば、その際XはAをあやすこともなく、ただ写真を撮影したりしていただけであった。また、面会交流の帰宅途中、Aが号泣して手に負えなくなり、その数日後も夜泣きをしたとされる。

　Yは、Xに離婚を申し出たが、Xがこれを拒否したので、Yは離婚に関してAの親権、養育費の支払、面会交流などの条件に関する話合いを求めた。XはYに戻ってくれるよう申し入れたが、Yはこれを拒否し、Aとの面会交流も自重するよう求めた。実際、その後、Xは何度か面会交流を求めたが、Yに拒否され、Aに会えなかった。

　同年、Yは、夫婦関係調整調停を申し立てたが、同調停は不成立となった。Yは、XがAをあやしたこともなくAに対する愛情はないと断言している。これに対し、Xは子の監護に関する処分（面会交流）の調停を申し立てたが、これも不成立となり、本件審判手続に移行した。Yは、終始面会交流を認めることは子の福祉に反するという頑なな態度をとり、調停委員会からの試行的面会

交流を強硬に拒否した。他方、Xは面会交流を切望している。

　Xは、当初頻繁に面会交流を求めていたが、その後、1ヵ月に1回を基本とするという内容に希望を変更した。Yは、Xへの不信感をあらわにし、Xからの面会交流の要求を退け、Aを不安定な状態におくことを避けることがベストであるとする。さらに、母としてAを危険な状態にさせる可能性を阻止する役目があるとする。

　原審（京都家審平22.4.27 家月63巻3号87頁）は、次のように述べて、面会交流を認めるのが相当であるとした。面会交流が制限されるのは、非監護親から暴力を受けるなど面会交流することが子の福祉を害すると認められる場合に限られる。本件では、Xが暴力をふるっていたことは認められず、また面会交流することが不適切であるとの事情もまったくない。Yは面会交流することにより、Aが情緒的不安定になるとして、面会交流を頑なに拒否している。しかし、子は両親の愛情を平等に受ける権利を有しており、面会交流を通じて非監護親の愛情を感じることにより健全な成長を果たすことができるものであって、親権者であってもそのような子の権利を害することは到底許されるものではない。離婚による子の喪失感や不安定な心理的状況を回復させ、子の健全な成長を図るためにもできるだけ別居後早期に非監護親との面会交流を実施することが重要である。たしかに、両親の離婚により子が情緒的不安定や不適応な症状を呈することも想定されるが、それらは一過性のものであり、監護親が、冷静に振る舞うことができれば、次第に収まってくることは過去の経験の示すところである。

　他方、Yの生活状況やAの年齢、AとXが2年近く会っていないことを考慮すれば、AがXとの面会交流に慣れるためには面会交流の回数および時間を段階的に増やすのが相当である。それゆえ、当初はYもしくはYの指定する親族の立会いのもと、隔月に1回1時間行うこととされた。

　これに対し、Xは、面会交流の頻度と時間の増加およびAが通園する保育園での参観などを求めて抗告。Yも、面会交流の開始時期をAが小学校に入学するまで遅らせること（抗告理由（1））、および試行的面会交流を実施した上で頻度や日時を決定するべきである（抗告理由（2））などとして、抗告。

【決定の要旨】

1　面会交流の開始時期（Yの抗告理由（1））

「Aの健全な成長のためには可及的速やかに非監護親であるXとの面会交流を実現するべきであり、面会交流によって生じるおそれがあるAの情緒的不安定や不適応な症状に対しては、Yにおいて適切に対応することによって収束する可能性が十分あることは原審判説示のとおりである」。

2　面会交流の頻度、時間（Xの抗告理由）

「面会交流は基本的に子の福祉のために実施するものであり」、諸事情を考慮して頻度や時間を段階的に増加させる原審判は相当である。「長期間Aと面会交流できなかったXが、いきなり頻回にAと面会交流を実施したとしても、Aに大きな負担を強いることになり、必ずしもよい結果が得られるとは限らない」。また、「YがXとAとの面会交流を強く拒否していることからすると、Xが保育所で参観することによって、当事者間に紛糾が発生し、Aに悪影響を与えかねないし、YのXに対する不信感を増大させる結果となり、かえって円満な面会交流の実施に支障が生じかねない。

したがって、Xが保育所で参観することを認めるべきではない」。

3　試行的面会交流実施の要否（Yの抗告理由（2））

「原審の手続の中で試行的面会交流の実施を再三促されたにもかかわらず、これを拒否したのはYである」。「別居後に3〜4回、当事者間で面会交流が行われたこともあるし、現時点で試行的面会交流を実施しなければ、面会交流の頻度や日時等の条件を確定できないとはいえない」。

【参照条文】

民法766条1項、家事審判法9条1項乙類4号

分 析

(1) 面会交流の可否

　昭和50年代の日本では、「心理的親」との安定した関係を重視する理論を提唱したゴールドシュタイン学説の影響を受け、監護親の意向と子の福祉が一体であるとして、監護親が拒否する場合には面会交流を否定的に捉える説が有力だった[*1]。この学説は同時期の実務にも少なからぬ影響を与え、面会交流の実施に慎重な態度をとるようになった[*2]。しかし、平成に入ってから、こうした傾向に変化が見られ、事案に即して妥当な面会交流を取り決める必要性が認識されるようになった。それに伴い、監護親の恣意に影響されかねないとして、監護親と子との緊密な関係の安定だけを過度に重視するべきでないとの見解も示された[*3]。また、「両親が子の親権をめぐって争うときはその対立、反目が激しいのが通常であるから、そのことのみを理由に直ちに面接交渉が許されないとすると、子につき先に監護を開始すればよいということにもなりかねず相当ではなく」、このような場合でも「なお子の福祉に合致した面接の可能性を探る工夫と努力を怠ってはならない。」とした裁判例も現れた[*4]。

　その後、非監護親による暴力がある場合を除いて、面会交流の意義を認める傾向はさらに進み、面会交流が制限されるのは、子の福祉を害すると認められる例外的な場合に限られるとする裁判例も出ている[*5]。学説においても同様の傾向がうかがえ[*6]面会交流事件審判例等の判断基準を「限定説から原則認容説に移行する傾向」[*7]が顕著になっている。「面会交流が制限されるのは、非監護親から暴力を受けるなど面会交流することが子の福祉を害すると認められる場合に限られる」とした原審と、それを踏襲し、「未成年者の健全な成長のためには可及的速やかに非監護親であるＸとの面会交流を実現するべきであ」るとした抗告審はともに、このような一般的傾向に沿うものと位置付けることができよう。

(2) 面会交流の禁止・制限事由

　面会交流を禁止・制限すべき事由として、非監護親による子の連れ去りのおそれ、非監護親による虐待、非監護親の監護親に対する暴力、子の拒絶など子

の側の事情および監護親または非監護親の再婚などがある。[*9]子の側の事情には、子が幼年である場合も含まれる。[*10]

　子が幼年の場合、監護親の協力なしには面会交流の実現は極めて困難である。もっとも、本件のように、非監護親による虐待や暴力といった事情がなくとも、監護親が非監護親に対する精神的葛藤や感情的反発等から、面会交流を拒否することは往々にしてある。監護親の意向と子の福祉が一体であるとの考えが後退しはじめた平成に入ってからも、このような場合に面会交流を実施すれば、監護親と非監護親との間の紛争を再熱させ、かえって子の福祉を害するおそれがあるとして、面会交流を否定する裁判例もなお見られるところだった。[*11]しかし、上記のように、非監護親による暴力がある場合を除いて、面会交流の意義を認める傾向が進んでいる現在では、監護親による拒否を当然に面会交流の禁止・制限事由と認めるのではなく、面会交流の実施が子にどのような影響を及ぼすことになるのか、実質的な検討を行う必要があるとの見解が説得力をもって受け止められている。[*12]

　原審と抗告審も、YによるXに対する感情的反発は面会交流の禁止・制限事由にはならないとした。面会交流の実施がAにどのような影響を及ぼすことになるのか、「実質的な検討」を行った結果、Aの情緒的不安定や不適応な症状が生じるおそれはあるが、Yの対応により収束可能との結論にいたったと解される。原審は、収束させる責任を一方的にYに負わせた感があったが、抗告審がYの感情的反発に配慮し、Xが保育所で参観することを認めなかったことで、バランスを保つことはできた。しかし、この結論はもっぱら経験則にもとづくものであり、やや説得力に欠ける。言葉では表せない実態が背景にあることは想像に難くないが、「実質的な検討」が行われていないのではないかとの疑念を抱かせないため、またYの適切な対応を導くためにも、今少し丁寧な説明がほしかった。

(3) 面会交流の頻度

　一般に、離婚した父と子の接触については、頻度より質が重要である。特に、本件のように、親同士の紛争が激しい場合、子どもが親の攻撃性やプレッシャーに直接さらされる機会が増えてしまうため、頻繁に接触することは好ま

しい結果を導かないとされる[13]。したがって、原審が当初2ヵ月に1回の頻度で面会交流を設定し、抗告審がXによる頻度の増加請求を認めなかったのは首肯できるところである。

　ところで、面会交流の頻度や方法については、基本的に家事審判官の裁量に委ねられるものである。これらの点に限ったことではないが、家事審判官の裁量に逸脱や濫用がない限り、審判内容に関しては当不当の問題にとどまり、違法合法の問題は生じない。しかし、だからといって、面会交流を認める審判について、「その頻度や時間を段階的に増加させる審判をなすことは、当然に認められる[14]」と断定的に言い切ることには、ためらいを禁じ得ない。形式的なことを確認しているにすぎないとしても、「心身の成長に伴う子の意思あるいは意向に反することも考えられる」ので、「無制限に段階的に認めることは妥当ではないことも多いと思われる[15]」ならば、その必要があるとも思えない。

　いずれにしろ、現段階では、頻度や内容が子どもに与える影響は十分に明らかにされているとはいえず、なお詳細な検討を要する課題である[16]。

　頻度や時間を増加させる審判を行う際には、子の福祉に最大限の配慮を払いつつ、慎重な対応が求められる。裁量性を強調することは、問題の本質から逸脱する結果を導くことになりかねない。

(4) 試行的面会交流

　試行的面会交流とは、家庭裁判所の実践的な取組みであり、調停や審判の継続中に子と非監護親の面会を試みるものである。相手方が半ば面会交流に合意しながらも不安があり、本格実施に踏み切れなかったり、子にとって適切な条件を煮詰めることができないことが原因で調停がこう着状態に陥っている場合に有用であるとされる[17]。また、当事者に新たな協力関係を構築させること、非監護親の現実認識を促すことなどの効果も指摘されている[18]。

　これらの目的や効果に即して、試行的面会交流の機能は、①導入、②調整、③査定の3つに分類されている。①は、当事者間に心理的抵抗や不安がある場合に、今後の円滑な面会交流の実施を目的とするものである。②は、現時点では父母間の対立が激しいなど、任意の面会交流が困難な場合に、父母に現実認識をもつように促し、主張を再検討させることを目的とする。そして③は、非

監護親に問題がある場合や監護親が子どもへの悪影響を主張する場合に、そのような面会交流の実施を阻害する要因があるかを見極めることを目的とする。[19]

　本件で、Yは、この試行的面会交流の実施を抗告理由の一つとしたが、裁判所はそれを認めなかった。それは、ここにいたるまでに試行的面会交流の実施を再三促されたにもかかわらず、Yが頑なに拒否してきたからであり、またすでに数回、当事者間で面会交流が行われたこともあるからである。したがって、試行的面会交流の意義そのものを認めなかったわけではない。Yの信義則に反するような行為を問題視したと見るべきだろう。

　とはいえ、本件のような場合、上記の①から③のすべてに該当する事実が存在するので、まさに試行的面会交流の実施が効果的と考えられる典型例である。それにもかかわらず、「Yが頑なに拒否してきたから」、「すでに数回、当事者間で面会交流が行われたことがあるから」という理由で、試行的面会交流を実施しないのはいかがなものか。

　そもそも、まさにこの数回行われた面会交流時のXの態度が、Yの対応を硬化させた一因だった。

　Aの年齢からして、YやY側の親族の協力が得られなければ面会交流は実施できない。試行的面会交流をすることで、Aの福祉に適った面会交流を経験し、当事者間に信頼関係を取り戻すことができたかもしれない。[20]したがって、とりわけ上記②の目的から試行的面会交流を実施する意味はあったかと思われる。過去の裁判例によると、抗告審でされた試行的面会交流の結果、監護親が面会交流について認める意向を示すことができたことから非監護親に面会交流が許された事案[21]もある。本件でも、そのような対応をとる余地は十分にあったように思われる。

　注

*1　島津一郎「子の利益とは何か（一）（二）」判時709号（1973年）116頁、718号（1973年）116頁、梶村太市「子のための面接交渉」ケ研153号（1976年）88頁以下。細矢郁ほか「面会交流が争点となる調停事件の実情及び審理の在り方」家月64巻7号（2012年）18頁。

*2　細矢ほか・前掲*1　21頁。

*3　細矢ほか・前掲*1　25頁。

*4　名古屋高決平9.1.29 家月49巻6号64頁。

*5　大阪高決平21.1.16 家月61巻11号70頁。

*6　近時の裁判例においても、子の福祉が害されない限り、面接交渉は原則的に実施すべきとの考え方が多くなっているとの指摘がある（古谷健二郎「実務の視点からの整理及び実感」判タ1237号（2007年）32頁）。

*7　合田篤子「試行的面接交渉を経た上で立会付き面接を認容した事例」民商140巻3号（2009年）123頁。

*8　若林昌子「シンポジウムの趣旨」戸時687号（2012年）3頁。

*9　細矢ほか・前掲*1　77頁以下。

*10　山田美枝子「面接交渉の認否と方法についての判断基準─4つの事例」民商137巻1号（2007年）100頁。

*11　東京高決平2.2.19 家月42巻8号57頁は、面接交渉の実現には監護親の協力が不可欠であるが、監護親はこれを強硬に反対しており、それを期待することは困難であることなどから、3歳9ヵ月の子との面接交渉を認めなかった（なお、面接交渉を認めるのであれば、調査官等の関与が必要とも述べられている）。東京家審平18.1.31 家月58巻11号79頁は、監護親の協力なしには面接交渉の実現は極めて困難と考えられるところ、監護親は非監護親との関わりを完全に拒否しており、それでも面接交渉を実施するのであれば、父母間の紛争を再熱させ、かえって子の福祉を害するおそれがあるとして6歳の子との面接交渉を認めなかった。

*12　細矢ほか・前掲*1　79～80頁。

*13　細矢ほか・前掲*1　46～47頁。

*14　平田厚「面会交流の時間と頻度につき段階的な増加を定めた事例」民商144巻4・5号（2011年）124頁。

*15　平田・前掲*14　124頁。

*16　細矢ほか・前掲*1　47～48頁。

*17　永田秋夫ほか「子の監護に関する処分（面接交渉）事件における調査官関与の在り方」家月48巻4号（1996年）134頁。

*18　山田昌弘『迷走する家族──戦後家族モデルの形成と解体』（有斐閣, 2005年）120頁。

*19　濱野昌彦ほか「面接交渉における調整活動」家裁調査官研究紀要5号（2007年）58頁以下、伊藤龍彦ほか「面会交流が争点となる調停事件における調査官関与の在り方について」家月60巻12号（2008年）142～143頁、合田・前掲*7　121頁。

*20　調査官関与による試行的面会交流の実施については、以下の文献が詳しい。豊田洋子ほか「子の監護を巡る紛争事件における家庭裁判所調査官関与の在り方について」家月57巻4号（2005年）105頁以下、伊藤ほか・前掲*19　97頁以下など。

*21　東京高決平19.11.7 家月60巻11号83頁。

（事例研究4─初出／日本評論社『速報判例解説』vol.13 p.99～102）

別居父母の共同監護の実態を評価し現状を維持した事例

大阪家裁平成26年8月15日審判

平成25年（家）第7620号、第7621号

子の監護に関する処分（監護者指定）申立事件

家庭の法と裁判第4号116頁——却下〔確定〕

要 旨

　申立人（妻）が、別居中の相手方（夫）に対し、子の監護者指定を求めたが、現在は、共同監護のような状態であり、また、子らが、きょうだい4人は離れたくないといっていることからすると、監護者を指定することは現状を壊しかねず、相当でないとされた事例。

【事実の概要】

　申立人X（妻）と相手方Y（夫）の間には、長男A（審判時9歳）と長女B（審判時8歳）がいる。Yは、再婚で、離婚した前妻との間に生まれた2人の子C（審判時17歳）およびD（審判時16歳）の親権者になっており、Xらは合計6人で暮らしていた。

　Xは、Yが職を転々とすることなどから離婚を考えるようになり、話し合いをしたもののまとまらなかったため、自宅を出てXの母親宅に住むようになった。それ以降、月曜日から土曜日までは、Yが不在の日には、XがAらの監護をしていた。他方、Yの仕事が休みの日やYが早く帰宅する日は、Yが監護をしていた。日曜日は、原則として、第二・四はXが、第一・三はYがそれぞれ監護をしている。

　Xは、現在の変則的な生活状況はAらにとって不安定なものであり、離婚が

決まるまでの間、Ａらの監護者を定めるのが相当であるとする。そして、Ｙは家事や育児ができないこと、Ｃ・Ｄと別々に住むようになっても、関係が絶たれるわけではないことなどから、自らを監護者として指定するのが相当であると主張していた。

　これに対しＹは、Ａらは自宅を離れることを希望しておらず、また本件は離婚自体に争いのある事案であるところ、現状の共同監護状態を変更することはＡらの福祉に反することになるから、Ｘを監護者と指定する必要はないだけでなく、指定することは不当であると反論していた。

　家庭裁判所調査官がＡ、Ｂ、ＣおよびＤと面接した際、Ａは「家族みんなで暮らしたい」、Ｂは「Ｙの態度が変われば家族の和合が実現するかもしれない」、ＣおよびＤは「きょうだい4人は離れたくない」と述べていた。

　なお、ＸとＹとの間の夫婦関係調整の調停事件は、調停不成立となり、審判時、本件と同じ裁判所に離婚訴訟が係属していた。

【裁判理由】

　「現在は、ＸとＹがほぼ同じ程度にＡらの養育監護をしているということができ、共同監護のような状態であるといえる。

　そして、……Ｙの未成年者らに対する監護養育に大きな問題があると認められず、現在の共同監護のような状態はそれなりに安定していると評価できる。家庭裁判所調査官の調査において、ＣおよびＤは、家族が元どおりになるのが最も良いが、少なくともきょうだい4人は離れたくないと言い、Ａらも元どおりを希望している」。

　「こうした……現状からすると、……Ａらの監護者としてＸとＹのいずれかを指定することは、ＡらがＸとＹの双方と触れ合える現状を壊しかねず、相当でない……」。

　「……Ａら監護者の指定を求める本件各申立ては理由がないのでこれを却下する……」。

【参照条文】

　民法766条

分析

(1) 意義

現行民法818条3項によれば、父母の婚姻中は、共同して親権を行使する。しかし、婚姻中であっても、不和による別居といった、共同親権を行使する生活基盤が崩れる状態になった場合については明文の規定がない。民法766条は、「協議上の離婚」をするときの定めである。家庭裁判所の調停実務では、このような場合でも、実際に監護する者を定めておく必要があることから、監護者の指定を事実上行っていたが、1960年代になると審判実務でも問題となる事案がでてくるようになった。[*1]今日では、実務上、子の監護者の指定が問題となるのは、本件のように離婚前別居中すなわち婚姻中の場合であることが多く、民法766条が本来予定する離婚時に問題となる事案は少ないとされる。[*2]離婚の際には、監護権を含む親権の帰属を争うことになるからである。[*3]

本件は、「共同監護のような状態」にあることをもって、監護者が指定されなかった。近時、夫婦の生活スタイルの多様化や共働き夫婦の増加等に伴い、夫婦の別居後も父母による交互監護の形態での監護が継続して行われ、父母のいずれか一方を監護者として確定すること自体が困難な事案が少なくないとされる。[*4]本件は、このような「困難な事案」において、監護者指定をしないことが「子の利益」に適うことを示唆したものと言え、先例としての意義を少なからず有するものと思われる。

(2) 根拠条文

離婚前別居中の父母の一方から、監護者指定の申立がなされた場合、家裁がとるべき対応について、これまで、さまざまの見解が提示されてきた。[*5]しかし、面接交渉について、民法766条を類推適用し、旧家事審判法9条1項乙類4号により、家裁は相当な処分を命ずることができるとした最高裁決定以降、[*6]これを踏まえて、子の監護者指定等「子の監護をすべき者」「その他の子の監護について必要な事項」を家裁の審判により定めることが実務に定着したとされる。[*7]近年では、これを当然の前提としているかのように、根拠条文を示さない裁判・審判例も多くなっている。[*8]本件も、その一つとなった。しかし、いかに

実務に定着しているとは言え、上記最高裁決定は、監護者指定にはふれていないことや、明文の規定がないにもかかわらず、このような処分を行うことの違法性を問う訴訟がなお提起されていることなどを考えると、誤解を避けるために、この点について一言ふれておくべきではなかったかと思われる。

(3) 監護者指定の基準

　本件のような事案で、監護者指定の一般的・抽象的基準は「子の利益」に合致するか否かである。平成23年の民法改正までも、明文の規定こそなかったものの、このように解されていた。

　具体的には、これまでの監護実績（主たる監護者、監護状況、父母以外の者による監護補助の状況など）を確定したうえで、現在の監護状況や子の意思などを踏まえ、「子の利益」の観点から、父母のいずれを監護者として指定するのが適当かを決定する。

　本件でも、同様の検討手法がとられており、そのこと自体に問題はない。しかし、検討の結果いたった「共同監護のような状態」が存在するとの結論には、隔世の感を禁じ得ない。そもそも、民法766条の文理に反してでも監護者指定を行う必要性が肯定されてきたのは、別居中の夫婦が子の監護に関して争っている場合、共同親権を行使する生活基盤が崩れており、「事実上の離婚状態」にあるとみて差し支えないと考えられたからである。時代は変わり、このような場合であっても、父母による交互監護が継続して行われていることもある。本件はまさに別居後も交互監護が継続して行われていた事案であり、「それなりに」ではあるが「安定している」状態を崩さないために、監護者を指定しなかったことは肯定的に評価できる。それが現時点での「子の利益」にもっとも適うと考えられるからである。

　また、4人の子の意思、とりわけCおよびDの意思が最大限尊重されていることも評価に値する。旧家事審判規則54条によれば、子が満15歳以上であるとき、家庭裁判所は、子の監護者の指定に関する審判をする前に、その子の陳述を聴かなければならないとし、家事事件手続法65条および152条2項（旧家事審判規則54条）も、同様のことを定めている。かつては異論もあったが、これらの規定に反映されているように、今日、未成年者も自己の意思を表明する

ことができる権利主体であり、その意向を検討することの重要性は広く認識されるようになっている。裁判例も、未成年者の意思が強固な場合や、未成年者の意思の形成が合理的で、これに従うのが子の利益に適う場合には、未成年者の意向に沿った判断をしているとされる。[15]

　本件で、監護者の指定をしなかったのは、家族の和合を望む4人の子の意思を汲み取りつつ、二人の子の切実な願望――せめてきょうだい4人は離れたくない――に最大限配慮したうえでの判断だったと解される。きょうだいの不分離は、必ずしも原則として運用されているわけではなく、それが子の利益に合致するか否かは、監護の状況や未成年者の意思などを総合的に考慮して判断されている。[16]本件も、総合的に考慮した結果、子らの意思に沿った判断をすることが子の利益に合致すると判断した事例と位置付けることができるだろう。

注

*1　斎藤秀夫＝菊池信男編『注解家事審判法（注解民事手続法4)』（青林書院，1992年）352頁〔沼邊愛一〕。

*2　近藤ルミ子＝西口元編著『離婚をめぐる親権・監護権の実務』（学陽書房，2016年）124、126頁、石垣智子＝重高啓「子の監護者指定・引渡調停・審判事件の審理」曹時66巻10号（2014年）38頁。

*3　秋武憲一監修・高橋信幸＝藤川朋子著『子の親権・監護の実務』（青林書院，2015年）99頁。

*4　石垣ほか・前掲*2　47頁。

*5　斎藤ほか編・前掲*1　359～360頁、沼田幸雄「監護者指定とは何か」右近健男＝辻朗＝小田八重子編『家事事件の現況と課題』（判例タイムズ社，2006年）94頁。

*6　最決平12.5.1 民集54巻5号1607頁・家月52巻12号31頁。

*7　東京地判平27.8.5 D1-Law.com　判例体系（判例ID29013361）。石垣ほか・前掲*2　38頁、島津一郎ほか編『新版注釈民法（22）親族（2）離婚――763条～771条』（有斐閣，2008年）96頁〔梶村太市〕。766条1項を類推適用し、旧家事審判法9条1項乙類4号による処分であることを明示する裁判・審判例として、広島高決平19.1.22 家月59巻8号39頁、福岡高決平20.11.27 判時2062号71頁、東京家八王子支審平21.1.22 家月61巻11号87頁。平成4（1992）年に相次いで出された高松高裁決定（高松高決平4.8.7 判タ807号235頁、高松高決平4.8.7 判タ809号193頁）は、準用も類推適用もされるべきではないとしたが、管見の限り、その後これを

　支持する裁判・審判例は現れていない。

*8　神戸家伊丹支審平17.4.5　家月58巻4号98頁。札幌家苫小牧支審平17.3.17　家月
　　58巻4号86頁、大阪高決平17.6.22　家月58巻4号93頁、東京家審平22.5.25　家月62
　　巻12号87頁、さいたま家川越支審平24.4.26　判時2152号46頁、前橋家太田支審平
　　24.8.9　判時2164号59頁、福岡家審平26.3.14　判時2256号71頁・判タ1214号387頁・
　　家庭の法と裁判2号82頁。

*9　沼田・前掲*5　101頁。

*10　東京地判平27.8.5・前掲*7。

*11　広島高決平19.1.22・前掲*7、東京家審平22.5.25・前掲*8、さいたま家川越支
　　審平24.4.26・前掲*8。

*12　平成23年の民法改正前の民法766条1項には、現行法のような「子の利益」が考
　　慮要素になる旨の明文の規定はなかったが、子の利益が一般的・抽象的な判断基
　　準になると解されていた。石垣ほか・前掲*2　43頁。

*13　石垣ほか・前掲*2　47頁。広島高決平19.1.22・前掲*7、東京家審平22.5.25・
　　前掲*8。

*14　有地亨『新版家族法概論（補訂版）』（法律文化社，2005年）205頁。沼田・前掲
　　*5　94頁。それゆえに、「事実上の離婚状態」にいたらない単なる別居の場合に
　　は、民法752条の夫婦間の協力扶助に関する処分とみるべきであり、766条の類
　　推適用は合理的ではないと指摘されていた。於保不二雄編『注釈民法（23）親族
　　(4) 親権・後見・扶養』（有斐閣，1969年）82頁〔明山和夫〕、大阪家審昭54.1.10
　　家月31巻7号60頁、岡山家審平2.12.3　家月43巻10号38頁。

*15　松本哲泓「子の引渡し・監護者指定に関する最近の裁判例の傾向について」家
　　月63巻9号（2011年）39頁。

*16　松本・前掲*15　45頁、二宮周平『家族法（第4版）』（新世社，2013年）112頁。

（事例研究5—初出／有斐閣『民商法雑誌』第152巻第2号p.114〜119）

DV高葛藤事案における面会交流の可否および方法

東京高等裁判所平成27年6月12日決定

平成27年（ラ）第608号

面接交渉審判に対する抗告事件

判時2266号54頁——変更〔確定〕

【事実の概要】

　抗告人X（父）と相手方Y（母）は婚姻後同居していたが、XがYに対しけがを負わせたことから、Yは長男（3歳）と次男（1歳5ヵ月）（以下「未成年者ら」）を連れて家を出た。ほどなく、Yは離婚調停などを申し立てた。これに対しXは、監護者指定審判・引渡し審判などとともに未成年者らとの面接交渉を求める調停を申し立てた。その後、Xに対して、YおよびYの両親に対する接近禁止等を命じる保護命令が発令されている。

　上記面接交渉調停は不成立となり審判手続に移行した。審判手続で、Yは、間接交流（写真やプレゼントの送付、双方向の手紙のやりとりなど）の実施を提案する一方で、その前提として、Xが自身の暴力的な言動について父として反省している旨を手紙にして渡すことを求めた。Xは、この要望を拒否し、Yを激しく非難している。

　原審は、非監護親と子の面会交流は、子の福祉に反すると認められる特段の事情のない限り、子の福祉の観点からこれを実施することが望ましいとしたうえで、本件において特段の事情があるかないかについて検討した。そして、同居中のXの言動やYと未成年者らの置かれている状況に照らしてみれば、現時点でXとYとのやりとりを前提とする面会交流を実施することは、子の福祉に反すると認定した。他方で、Yに対し、4ヵ月に1回程度、未成年者らの写真を送付するよう命じた。

　Xはこれを不服として抗告した。抗告審で、Xは、特段の事情のある場合には、面会交流が認められないと解すると、裁判官が子の福祉を口実にどのようにでも介入できることになってしまうとし、原審が採用した面会交流についての立場を批判した。さらに、未成年者らについては、Xも共同親権者であり、面会交流を制限することはできないとも主張した。そして、第三者機関の援助を受けて月1回の面会交流、学校行事などへの参加を求めた。

【決定の要旨】

　「……面会交流は、子の福祉の観点から決せられるべきであり、子の福祉に反すると認められる特段の事情のある場合には、認められるべきではないことが明らかで」、「特段の事情の有無は、裁判官の主観的な判断ではなく、客観的で合理的な判断によって決せられるのであるから、裁判官が子の福祉を口実にどのようにでも介入できるということにはならない。また、共同親権者であるからといって、子の福祉の観点から子との面会交流が制限されることがないということはできない……」。

　「Yが、Xから同居期間中に受けた暴力及び暴言、……等のストレスにより、心的外傷後ストレス障害（心因反応）との診断を受け、現在も通院を続けている様子を間近に見ることなどによって、（次男が）心因反応を発症するようになったものと推認される。また、長男についても……Xの暴力や暴言によって引き起こされた強い不安はある程度記憶として残っているものと考えられ、これに……Yの状況を間近に見ることなどによって心因反応（情緒不安定）を発症するようになったものと推認される。

　このようなY、未成年者らの状況を踏まえると、将来の良好な父子関係を構築するためには、Yの負担を増大させてまで直接交流を行うことは、かえって未成年者らのXに対するイメージを悪化させる可能性があるため、相当ではない」。

　「間接交流は、直接交流につなげるためのものであるから、できる限り双方向の交流が行われることが望ましいと考えられる。原審が命じたように未成年者らの近況を撮影した写真を送付するだけでは、双方向の交流とはならず、将来の直接交流ひいてはXと未成年者らとの健全な父子関係の構築にはつながら

ない……。また、……双方向の交流を開始する上で、（Xが反省している旨の）手紙を渡すことが不可欠とまでいうことはできない。

　他方、Xが、直ちに……Yとの関係の改善を図ろうとする姿勢に転ずることは期待することができないので、間接交流によってYの負担を増大させることで、未成年者らに悪影響を及ぼすような事態を生じさせることは避けなければならない」。

　「YにXの……手紙を未成年者らに渡す義務のみを課す（未成年者らに返事を書くことを指導するなどの義務は課さない。）こととするならば、Yに大きな負担を課すことにはならず、かつ、双方向の交流を図ることへつながる可能性がある……。

　したがって、……写真の送付……に加えて、2ヵ月に1回、Xの……手紙を未成年者らに渡すことをYに命ずるのが相当である」。

【参照法令】
　民法766条、家事事件手続法39条別表第2Ⅲ

分　析

(1) 本決定の意義
　近年、家裁実務において、面会交流が制限されるのは、子の福祉を害すると認められる例外的な場合に限られるとする考え方が定着しているとされる。[*1] このような家裁の姿勢は面会交流「原則的実施論」などと呼ばれている。[*2] 本件の原審・抗告審も、この考え方に基づき、面会交流の可否および方法を検討した。

　原則的実施論は、面会交流を円滑に実施することにより、子は「どちらの親からも愛されているという安心感を得ることができ」、また「夫婦の不和による別居に伴う子の喪失感やこれによる不安定な心理状況を回復させ、健全な成長を図る」ことができるとの前提に立つ。[*3] しかし、これに対しては、次のような批判が提起されている。原則的実施論は、面会が子どもに及ぼす影響はさまざまであるという現実から目をそむけるものであり、[*4]「子どもの利益を害する

リスクが高い」[*5]。また、面会交流を原則として実施するという前提に立つ以上、例外のハードルが高くならざるを得ない[*6]。実際、面会交流の禁止・制限事由であるはずのDV虐待があっても面会を命じる裁判例が出てきている[*7]。

　原則的実施論により、監護親が例外的な事情を証明できない限り、面会交流を認めるといった要件事実的な捉え方がなされるようになっているとすれば、面会交流の可否基準に及ぼす影響は少なくないと考えられる[*8]。もっとも、実際には、面会交流を「認めるべきかどうか」の判断は、「一切の事情を総合的に検討して」行っているのであって、理由付けとして原則的実施論に沿うような言いかたをしているにすぎないのであれば、可否基準は変わらないといえる[*9]。

　いずれにしても、原則的実施論が面会交流の可否基準に及ぼす影響は、事案に照らして評価していくほかない。本件は、上記のように原則的実施論の弊害として懸念されているDV事案であり、評価のものさしとして格好の素材である。

(2) 面会交流を禁止・制限すべき事由の存否

　1980年代の後半以降、面会交流を限定的に認めるべきであるとする考え方から、原則として認容するべきであるとの考え方が主流になるなかでも[*10]、非監護親の監護親に対する暴力等（DV）[*11]の存在は、面会交流を禁止・制限すべき事由と認識されてきた[*12]。また、非監護親による暴力がなくとも、監護親が非監護親に対して精神的葛藤や感情的反発を抱いている場合には、面会交流の実施により、監護親と非監護親との間の紛争を再燃させ、かえって子の福祉を害するおそれがあるとして、面会交流を否定する裁判例もなお見られるところだった[*13]。ところが、民法766条の改正（平成23年）により、面会交流が子の監護に関する事項の一つとして明文化され、原則的実施論が浸透するようになるにつれて、暴力等が存在する場合でも、当然には、面会交流は否定されない、との運用が強まっているとされている[*14]。このような事案でも、調停で面会交流の実施を強く求められ、これに応じなければ、審判で面会交流の実施を命じられているというのである[*15]。

　さて、父または母が、他方に対して言語的または物理的に暴力的な態度をとっている状況を目の当たりにしてきた子は、そうでない子に比して、抑うつ

や不安を呈しやすいとされ、現在の家裁の実務においても、そのような態度が子の福祉に及ぼす影響を考慮することが重要であることは、強く意識されている[16]。それゆえ、本件のように、監護親が、非監護親によるDVによりPTSDを発症しており、面会交流を行うと病状が悪化して子に対して悪影響を及ぼす旨を主張する場合、診断書や保護命令の決定書などから、DVの存否・態様・PTSDの病状等を確認し、その内容によっては、面会交流を禁止・制限すべき事由に当たるときもあると解されている。この点は、原則的実施論に立つ論者も認めるところである[17]。

　本件の原審・抗告審はともにDVの存否等を確認したうえで、面会交流を禁止・制限すべき事由に当たると認定した。原則的実施論に立ちつつも、従来と同様に、DVの存在などは面会交流の禁止・制限事由に当たることを明らかにした事案といえる。

(3) 間接交流の可否・方法

　原審は、XとYとのやりとりを前提とする面会交流（間接交流を含む）の実施は子の福祉に反するとしたが、Xとのやりとりを前提とするものではないとして、Yに対し、未成年者らの写真を送付するよう命じた。抗告審は、間接交流は、直接交流につなげるためのものであり、双方向の交流が行われることが望ましく、また、Yに大きな負担を課すことにもならないので、写真の送付に加えて、手紙を渡すことを命じた。

　家裁実務においては、面会交流を禁止・制限すべき事由には、全面的に交流を禁止すべきものと、直接交流のみを制限すべきものがあると認識されている。後者の場合、将来、直接交流を実現させるために必要な環境整備等を考慮しつつ、手紙のやりとりや写真の送付等の間接交流の可否が検討される[18]。本件の原審と抗告審は、ともに、間接交流を可とした。しかし、原審は当事者間のやりとりを前提としない点を重視したのに対し、抗告審は双方向の交流に重きを置いたことから、方法に差異が生じた。

　間接交流の可否も、子の福祉に照らして判断されるべきである[19]。写真の送付などを「間接交流」と呼ぶことの適否はおくとして[20]、本件のようなDV事案では、監護親や子の安全を確保することが重要であり、間接交流を命じる場合に

178

は、非監護親に所在が知られないような配慮をするべきであると指摘されている[21]。この観点から見ると、抗告審が手紙を渡すことを追加したことについては、賛否のわかれるところだろう。手紙の受け取りにより、所在を知られるおそれがあるからである。主文には「○○宛てに送付した未成年者らへの手紙」を渡さなければならないと記載されているだけなので、その点について十分に配慮されているかどうかは定かでない。また、そもそも、「手紙のやりとり」ではなく、「手紙を渡す」ことが双方向の交流へとつながるのか。Yの置かれている状況を考えれば、「手紙を渡す」ことも「大きな負担」になるのではないのか。所在を知られるリスクをおかしてまで、あえて追加しなければならない必然性はあったのか。疑問なしとしない。

　間接交流は、多くの場合、直接交流を命じることができないような事由が存在している場合に選択されるが、直接交流の次善の策であると考えるべきではない[22]。むしろ、そのような事由が存在しているがゆえに、どの方法が子の福祉に最も適うかをより慎重に検討しなければならない。その意味では、原審の判断が妥当だったと思われる。

(4) 調査官の役割

　家庭裁判所は、調査官に事実の調査をさせることができ、調査を命じられた調査官は、調査結果に意見を付して家庭裁判所に報告する（家事事件手続法58条1項・3項・4項)。この制度は、原則的実施論に基づく実務の運用につき、非常に重要な役割を担っているとされる。「実務において、裁判官が、調査官の意見と異なる判断をすることは非常にまれであり、ほとんどの事案で、調査官意見に沿った審判をする」からである[23]。それゆえ、本来ならば面会交流を禁止・制限するべき事由である非監護親によるDVが存在する場合や、子どもが面会を拒否するとの意向を示している場合でも、調査官から「直接交流を控えなければならないような事情はない」との意見を付した報告が出されれば、審判で、直接交流を命じられることは避けられないとされる[24]。

　本件では、調査官から「未成年らの側に面会交流を控えなければならないような事情はうかがえない」との意見が出されていた。原審は、まず2人の医師の意見書には、いずれも、未成年者らは心因反応と診断されるので、Xとの

面会は控えることが望ましいと記載されていたことに留意した。そして、調査官報告には、XとYの対立が深刻なことから、当事者間で面会交流を調整することは極めて困難であると思われるなどの意見が付されていたことを考慮し、子の福祉に反する特段の事情があると判断した。抗告審は、未成年者らの事情に関する調査官の意見は医師の診断結果を左右するものではないとして、同じ結論に達した。

　調査官からも直接交流に否定的な意見が出されていたことから、懸念されているような事態とは異なる。しかし、本件では、未成年者らの状況について、調査官意見とは異なる医師の意見を尊重し、「調査官意見に沿った審判」は下されなかった。

　裁判官にはできない調査技法を駆使した成果として、調査報告書は重要である。[25]しかし、それを盲目的に重視し、子の福祉に反する事態を招くようなことがあってはならない。本件は、専門家である調査官と医師の意見を総合考慮して、事実認定を適正に行った事案と評価できるのではないだろうか。

注

*1　古谷健二郎「家事審判手続における職権主義と手続保障——実務の視点からの整理及び実感」判タ1237号（2007年）32頁、細矢郁＝進藤千絵＝野田裕子＝宮崎祐子「面会交流が争点となる調停事件の実情及び審理のあり方——民法766条の改正を踏まえて」家月64巻7号（2012年）75頁。

*2　可児康則「面会交流をめぐる家裁実務の問題点——調査官調査の可視化を中心に——」梶村太一＝長谷川京子編著『子ども中心の面会交流』（日本加除出版，2015年）170頁。

*3　東京高決平25.7.3 判タ1393号233頁。同旨、東京高決平22.10.28 家月64巻8号72頁、大阪高決平21.1.16 家月61巻11号70頁。

*4　長谷川京子「面会交流原則的実施政策の問題点」梶村＝長谷川編著・前掲*2　2頁。

*5　同上4頁。

*6　斎藤秀樹「原則実施論の問題点」梶村＝長谷川編著・前掲*2　155頁。

*7　長谷川・前掲*4　14頁。俎上に上げられているのが、東京高決平25.6.25 家月65巻7号183頁と東京高決平25.7.3 判タ1393号233頁である。

*8　二宮周平『家族法〔第4版〕』（新世社，2013年）125頁。

*9　森野俊彦「面会交流調停・審判の運用はどのようになされるべきか──やや随想的に」梶村＝長谷川編著・前掲*2　251頁。

*10　拙稿「面会交流の頻度と子の福祉」新・判例解説Watch（法セ増刊）13号（2013年）99頁以下、山口亮子「面接交渉の権利性と家族性」野田愛子編『新家族法実務大系②』（新日本法規，2008年）318頁以下、合田篤子「試行的面接交渉を経た上で立会付き面接を容認した事例」民商140巻3号（2009年）123頁、若林昌子「シンポジウムの趣旨」戸時687号（2012年）3頁。

*11　DVは、児童虐待防止法2条4号にいう「児童虐待」に含まれる。

*12　細矢ほか・前掲*1　78頁、若林昌子「面会交流事件裁判例の動向と課題──父母の共同養育責任と面会交流の権利性の視座から」法論85巻2=3号（2012年）397頁、秋武憲一（監修）/高橋信幸＝藤川朋子『子の親権・監護の実務』（青林書院，2015年）165〜167頁。

*13　拙稿・前掲*10　101頁。

*14　秀島ゆかり「DVと面会交流」梶村＝長谷川編著・前掲*2　212頁。

*15　可児・前掲*2　170頁。かねてより、DV事案であっても、夫婦間の問題とは別に、「子の利益」を考慮したうえで面接交渉を認めることが可能な場合はあると指摘されていたことから、このような捉え方には疑問もある（犬伏由子「離婚訴訟中でDV保護命令下の父との面接交渉」民商129巻6号（2004年）169頁）。

*16　細矢ほか・前掲*1　45〜46頁。

*17　細矢ほか・前掲*1　79頁。審判例として、横浜家審平14.1.16 家月54巻8号48頁、東京家審平14.5.21 家月54巻11号77頁、東京家審平14.10.31 家月55巻5号165頁。

*18　細矢ほか・前掲*1　76頁。

*19　拙稿「面接交渉と未成年者の福祉」民商140巻1号（2009年）112頁以下。

*20　本山教授は、このような方法は、「もはや面接交渉とは評価できない内容である。面接も、実質的な意味での交渉もない。面接交渉ではなく、『子に関する情報の提供』と称するべき」と指摘されている。本山敦「面接交渉と連れ子養子」司法書士419号（2007年）36頁。

*21　犬伏・前掲*15　169頁。秀島・前掲*14　218頁。

*22　秋武ほか・前掲*12　202頁。

*23　可児・前掲*2　174頁。

*24　同上177頁。

*25　「面会交流は原則的に実施できるのか（座談会）」梶村＝長谷川編著・前掲*2　330頁［森野発言］。

（事例研究6─初出/日本評論社『速報判例解説』vol.18 p.89〜92）

面会交流の禁止・制限事由

東京高等裁判所令和1年8月23日決定

平成31年（ラ）第606号

面会交流審判に対する抗告事件

判時2442号61頁、判タ1472号98頁——変更〔上訴〕

【事実の概要】

　X男（原審申立人、本件抗告人）およびY女（原審および本件相手方）は、平成11年に婚姻し、その間に長男（平成12年生）、二男（平成15年生）および三男（平成17年生）の3子（以下、「未成年者ら」という。）がいる。

　平成25年、Xが性風俗店を複数回利用していたことなどから、Yが未成年者らを連れて自宅を出た。その後、Yは、Xに対し離婚を求める調停を申し立てたところ、不成立となったため、Yは離婚訴訟事件の訴えを提起した。平成28年、和解が成立し、少なくとも次の通り面会交流を実施するという和解条項が設けられた。①月1回程度の面会交流、②宿泊を伴う面会交流を年に3回程度、③Xが子らと電話、メールその他の方法で直接連絡を取ること、および、誕生日等の機会にプレゼントをすること。

　和解成立後、宿泊付きの面会が実施されることになった（以下、「3月の面会」という。）。Xは、自宅や実家での宿泊を希望し、自身の父母や親族と未成年者らとを交流させたいと考えていたが、Yが未成年者らに確認したところ、Xの自宅や実家、親族宅は嫌だと述べたとして、ホテル・旅館等において父子のみで面会交流を実施するよう求めた。その結果、ホテルで宿泊することになった。

　ところが、面会の最中に急用ができたため、Xは、未成年者らに対し、Xの実家で待っておくよう告げた。長男は、Yの自宅に帰りたいと述べたが、Xは

これを聞き入れず、未成年者らとともにXの実家に向かった。Yは、長男からの連絡を受け、Xに未成年者らを自宅に帰すよう告げたが、Xはこれに応じなかった。Xは、用事を済ませてから、未成年者らを連れてホテルに行き宿泊した。長男は、Xに対し、Yの自宅に帰してくれなかった理由を尋ねたが、Xから納得のいく説明は得られなかった。また、Xは、長男に対し、Yが本件別居に当たり未成年者らを連れて行ったことを非難するなど、Yについて否定的な言動をした。二男および三男は、この様子を見ていた。この一件以降、未成年者らは、Yに対し、もう面会はしたくない旨を繰り返し訴えたが、Xは聞き入れなかった。

　平成28年11月、Yは、調停を申し立てたが、翌年7月、不成立となり、本件審判手続に移行した。

　Xの上申を受けて選任された手続代理人と調査官が、未成年者らとの面接を行った。その結果、未成年者らは、3月の面会の際の出来事によりXに対する信頼を失ったこと、以降面会拒否の意思を繰り返し表示したが、Xがそれを受け入れなかったので、面会を拒否する気持ちがさらに強くなったことが明らかになった。

　原審判は、未成年者らが面会を強固に拒否している状況の下で、面会を強いれば、未成年者らの判断能力や人格を否定することになり、未成年者らの福祉に反する結果となってしまうとして、直接の面会を定めていた項の効力を失わせるのが相当とした。そして、新たに、Xから未成年者らへの手紙の送付、および、YからXへの成績表および写真の送付という間接交流を定めた。他方、Xが主張していたメールやSNSを用いたメッセージの送信については、未成年者らの拒否感を強めるだけの結果になるとして、認めなかった。Xはこれを不服として即時抗告をした。

　抗告審で、Xは、次のように主張した。3月の面会の際にとった対応は、父親として正当なものであって、祖父母の家に連れていかれただけで父親との信頼関係が崩壊するというのは社会通念に照らしてもあり得ない。また、面会交流の専門家がSNSの大きな効用を認めており、手紙の送付だけではなく、SNSによる交流も認めるべきである。

　これに対し抗告審は、原審判を一部変更し、Yは未成年者らの電子メールの

アドレスおよびLINEのIDをXに通知するとともに、Xと未成年者らがこれらの手段により連絡を取り合うことを認めなければならないとした。

【決定の要旨】

　「……Xと未成年者らとの面会交流については、当面、間接交流にとどめるべきであ」る。「……手続代理人が再度、未成年者らの意向確認を行ったが、全員、……今はそっとしてほしい旨の希望を述べており、Xとの面会交流を拒否する姿勢に変化はない」。「……未成年者らとXの直接の面会を強行することは相当でなく、子らの福祉の観点から、より望ましい面会交流のあり方を検討することが必要な状況に至っているというべきである……」。「……同居当時、Xと未成年者らとの親子関係に格別の問題がなく、……3月の面会の出来事も、Xの行動の是非はともかく、それ自体が未成年者らとの面会交流を禁止・制限すべき事由に当たるものではない。したがって、客観的には、Xと未成年者らの面会交流の実施が子の福祉に反するものとは考えられないが、他方、未成年者らの年齢、能力等に鑑みると、面会交流の実施の可否を判断するに際して、その意向を十分尊重すべきである……」。

　「……未成年者らは、Xとの面会を強く拒否し、LINEでの連絡をも拒んでいるところではあるが、本来、可能な限りXと未成年者らの交流の機会を確保することは、中長期的に見れば、子の福祉の観点からも望ましいことは論を俟たない……」、「そもそも本件においては、本件和解条項により直接の面会が認められており、Xと未成年者らの面会交流を禁止・制限すべき典型的な事由が存在するわけではないにもかかわらず、Xと未成年者らとの面会交流が、……長らく途絶えているといった経緯が存在する。そうすると、……未成年者らとの関係修復を図るため、Xに対して、より簡便で効果的な連絡手段の利用を認める必要性が高いと考えられるし、それによる具体的な弊害が大きいわけでもない。したがって、未成年者らが抵抗感を感じるであろうことを十分考慮しても、電子メールやLINEを用いたメッセージの送受信による間接交流を認めるべきであり、そのために、Yにおいて、未成年者らのアドレス等の連絡先をXに通知するのが相当である（もとより、Xにおいては、メッセージの送信によって、より未成年者らの反感を増すことのないよう、送信頻度やその内容に

ついては十分な配慮が求められる。)。」

【参照法令】
民法766条1項・3項、家事事件手続法65条・152条2項

分 析

(1) 本決定の意義

　現在の家裁実務は、「子の利益が害されると認められる特段の事情がない限り、子と非監護親が面会交流をすることを禁止すべきではない」との考えで運用されている[*1]。そして、民法766条1項により、面会交流の可否は、「非監護親と子との関係、子の心身の状況、子の意向及び心情、監護親と非監護親との関係その他子をめぐる一切の事情を考慮した上で、子の利益を最も優先して」判断される[*2]。したがって、「特段の事情」には、子の意思が含まれる。

　原審判もいうように、子が拒否しているにもかかわらず、面会交流を強いることは子の「判断能力ひいてはその人格を否定することになり、却って未成年者の福祉に反する」ことになる[*3]。子は精神的苦痛を被ることになるだけでなく、子の意思を尊重しない非監護親に対して不信感を抱き、非監護親と子との関係がさらに悪化するおそれもある。このような事態に陥れば、面会交流の目的が損なわれる。面会交流は、子が非監護親からの愛情を知り、親子の間の深い結びつきを感じ取るとともに、「子の養育及び発達について配慮すべき責務」を有する非監護親が、子の置かれた状況や心情などを認識し、責務をより的確に全うするために行われるからである[*4]。それゆえに、子の意思は面会交流を禁止または制限するに足る「特段の事情」となる[*5]。

　また、家庭裁判所は、「必要があると認めるときは」、子の監護に関する処分を変更することができる（民法766条3項）。本件のように、面会交流を定める和解条項があっても、子や親の状況が変化し、このような条項が定める方法では、円滑な面会交流を持続できないときは、実情に合わせて変更する必要が認められる。そうしなければ、「面会交流を巡る紛争状態が拡大するなどして、子の福祉を害する事態を招くおそれがある」[*6]。和解条項作成時には、子は面会

交流を拒絶していなかったが、その後拒絶するにいたった場合、面会交流を禁止・制限するに足る「特段の事情」が新たに生じていることになる。この場合、本件の原審判がいうように、「和解条項を変更すべき事情が生じ」ているので、「和解条項を変更すべき必要性が認められる」ことになる。

　もっとも、子の意思は流動的であって、子を取り巻く状況など、さまざまの要因に影響される[7]。そのため、子が面会交流を拒否している場合、それが「真意」であるかどうかを慎重に判断する必要がある[8]。家事事件手続法は、家庭裁判所に対し、子の陳述の聴取、調査官による調査等により、子の意思を把握するよう求めている（65条、152条2項）。原審判手続では、かなりの時間をかけて、調査官による調査および手続代理人による意向確認が行われた。抗告審でも、手続代理人が未成年者らの意向確認を行っている。子の「真意」を把握するために、現状で利用可能な手続をすべて尽くしたという点に、本決定の意義を見出すことができる。

(2) 面会交流の禁止・制限事由

　本件では、Xが子らの意向に反してXの実家に連れて行ったことや、宿泊先でYに対し否定的な言動をしたこと自体は、未成年者らとの面会交流を禁止・制限すべき事由に当たらないとされた。

　面会交流を禁止・制限すべき事由とは、連れ去りのおそれがあること[9]、非監護親が子または監護親に対して暴力を振るっていたこと[10]、監護親と非監護親の相互の不信感がきわめて深刻で、面会交流を実施した場合、子を複雑な忠誠葛藤の場面にさらすおそれが高いこと[11]、および親の問題行動等[12]である[13]。抗告審は、これらに該当する事実はなかったと認定したことになる。しかし、面会交流の際に、「非監護親が離婚に対する自分の言い分や監護親の悪口等を子に話すこと」は問題行動に当たり、面会交流の禁止・制限事由になるとの見解がある。かかる言動は、子の健全な成長・発達のために非監護親との交流が重要であるという観点からなされる面会交流の趣旨にそぐわないからである[14]。したがって、この見解によれば、実家に連れて行ったことはともかく、Yに対する否定的な言動により、直接交流を禁止・制限すべき事由が存在すると考えることもできた。

　審判例・裁判例を見ると、面会交流の禁止・制限事由に当たるとされた問題行動は、子が通う小学校の前で監護親を待ち構え、子を取り上げる[*15]、子に対し嫡出子否認調停事件を申し立てている[*16]、自己の感情の赴くまま面会交流を繰り返す[*17]、子を連れまわし、未成年者誘拐容疑で逮捕されていたこと[*18]、子らに位置情報確認装置を潜ませたラジコン入りの小包を送ったこと、父が母子の居所を探索するために親類らに対して強迫的な言辞を用いたこと[*19]、などであることがわかる。管見の限り、本件のように、面会時に1度、監護親に対し否定的な言動があったという理由で、面会交流を禁止・制限した審判例・裁判例はない。

　とはいえ、この点は、個別事情に照らして、判断されるべきである。たとえば、監護親に対する否定的な言動が重ねて繰り返されるなど、「子の健全な成長・発達」を妨げるに足る程度に達していれば、子の福祉の観点から、面会交流は禁止・制限されてしかるべきである。本件では、3月の面会時にのみ、かかる言動が確認されている。それゆえに、面会交流を禁止・制限すべき事由ではないと判断されたのであって、監護親に対する否定的な言動が、いついかなる場合でも、かかる事由にならないとの趣旨ではないと解すべきだろう。

(3) 間接交流の方法

　Xは、メールやSNSを用いたメッセージの送信による間接交流を求めていたが、原審判は認めなかった。かかる交流を認めれば、未成年者らのXに対する拒否感がさらに強まり、逆効果になると考えたからである。

　これに対して本件は、「未成年者らとの関係修復を図るため」、「より簡便で効果的な連絡手段」である電子メールやLINEを用いたメッセージの送受信による間接交流を認めた。その論拠として、①交流の機会を確保することは、中長期的に見れば、子の福祉の観点から望ましいこと、②もともと和解条項により直接の面会が認められており、面会交流を禁止・制限すべき典型的な事由も存在しないにもかかわらず、面会交流が長らく途絶えていること、③電子メールやLINEを用いた連絡手段の利用を認める必要性が高いと考えられる一方で、それによる具体的な弊害が大きいわけではないこと、を挙げている。①はその通りだが、一般論であり、特定の交流方法を認めるに足る論拠にはならない。②は、当初存在した直接交流を認めても差し支えない状態に戻すために、かか

る方法を用いる必要があるとの趣旨と解されるが、これも電子メールやLINE でなければならないという結論を導くに足るものではない。原審判のように、手紙の送付だけでも、目的を達成できる可能性は否定できないからである。

　そうすると、主たる論拠は③ということになる。間接交流は、子が非監護親と直接会わないので、直接交流よりも子に与える影響が少ない。その意味では、「具体的な弊害が大きいわけではない」と見ることもできる。しかし、本件で、未成年者らは一様に、「今はそっとしてほしい」との希望を述べている。こうした意思が明確に示されている以上、それを尊重することこそが、子の福祉に適うのではないか。現状では、未成年者らが、Xからのメッセージを見ることによって苦痛を感じ、直接交流以上に心理的負担になる可能性[20]はきわめて高く、「具体的な弊害」は決して少なくない。抗告審は、そうならないように、「送信頻度やその内容については十分な配慮が求められる」と付言しているが、未成年者らの意思を尊重しなかったXに、適切な配慮ができるだろうか。

　したがって、③も論拠としては不十分である。

　電子メールやLINEは、「より簡便で効果的な連絡手段」であり、今後も技術の進歩により、さらに多様な面会交流の方法が利用できるようになるだろう。しかし、面会交流が、子の福祉のために実施されることは変わらない。子の意思をふまえて、こうした連絡手段を「どのように利用するのが子のためになるか」ということを考えるべきである[21]。本件の意義は、ていねいに未成年者らの「真意」を確認したにもかかわらず、それに反する間接交流を認めてしまったことにより、大きく損なわれてしまった。この点については、原審判の判断が妥当だったと考える。

注
*1　札幌高決平30.2.13 判時2388号37頁。同旨、名古屋家審平28.9.16 判時2367号62頁、家庭の法と裁判23号102頁、前橋家審平29.8.4 判時2365号82頁、家庭の法と裁判23号74頁、東京高決平30.11.20 判時2427号23頁。
*2　同上。
*3　大阪高決平29.4.28 判時2355号52頁、判タ1447号102頁、家庭の法と裁判13号48頁。

*4　前掲*1　札幌高決平30.2.13。

*5　前掲*3　大阪高決平29.4.28。

*6　神戸家審令1.7.19 公刊物未登載。

*7　福市航介「離婚・別居後の面会交流の問題点」法時85巻4号（2013年）57頁。

*8　秋武憲一（監修）／高橋信幸＝藤川朋子『子の親権・監護の実務』（青林書院，2015年）168〜169頁、細矢郁ほか「面会交流が争点となる調停事件の実情及び審理の在り方」家月64巻7号（2012年）80頁。

*9　千葉家審平30.8.22 判時2427号30頁、前掲*1　東京高決平30.11.20。

*10　東京家審平14.5.21 家月54巻11号77頁、東京家審平14.10.31 家月55巻5号165頁、京都家審平22.4.27 家月63巻3号87頁、東京高決平29.11.24 判時2365号76頁、家庭の法と裁判23号68頁。しかし、非監護親が子に対し暴力を振るった事実が認められなければ、非監護親による監護親に対する暴力は、直ちに未成年者と相手方との面会交流を制限すべき特段の事由と認定されない可能性がある。東京高決平25.7.3 判タ1393号233頁。

*11　仙台家審平27.8.7 判時2273号111頁。もっとも、監護親と非監護親との間に葛藤があっても、子が非監護親に対して強い拒否感を示していなければ、面会交流を禁止・制限すべき事由にはならないとした審判例がある。札幌家審平29.11.8 判時2388号39頁。

*12　前掲*10　東京高決平25.7.3。

*13　秋武・前掲*8　162〜171頁。

*14　同上170頁。

*15　東京家審平13.6.5 家月54巻1号79頁。

*16　東京家審平14.10.31 家月55巻5号165頁。

*17　福岡高那覇支決平15.11.28 家月56巻8号50頁。

*18　横浜家相模原支審平18.3.9 家月58巻11号71頁。

*19　東京高決平19.8.22 家月60巻2号137頁。

*20　秋武・前掲*8　201〜202頁。

*21　同上202頁。東京家審平27.12.11 判時2323号140頁。

（事例研究7―初出／日本評論社『速報判例解説（27）（法学セミナー増刊）』p.107〜110）

婚姻費用分担額の算定方法

大阪高裁平成30年6月21日決定〔一部変更、一部認容（確定）〕

平成30年（ラ）第356号

婚姻費用分担審判に対する抗告事件

家判21号87頁

要 旨

　妻である監護親が、別居中の夫である非監護親に婚姻費用分担金の支払を求めた事案について、請求時にすでに成年に達している長男が大学に在学しており、また、非監護親が大学進学を積極的に支援していた場合、その子を15歳以上の未成年の子と同等に扱うのが相当であるとした上で、婚姻費用分担額を算定した事例。

【事実の概要】

　夫X（抗告人）と妻Y（相手方）との間には、長男（平成7年生）と二男（平成14年生）がいる。平成28年6月、単身赴任していたXは、勤務先の変更にともない、同年7月から自宅に戻ることになった。ところが、その連絡を受けたYは長男および二男を連れて家を出た。

　同年7月、Yは、Xに婚姻費用として毎月19万円を支払うよう請求した。これに対し、同年11月、Xは、婚姻費用分担調停を申し立てたが、不成立となり、審判手続に移行した。その後、長男は大学に入学し、現在も在学中である。

　審判で、Yは長男の生活費を含めて婚姻費用の分担を求めた。しかし、原審判は、長男は成人に達しているので、自ら扶養料の請求をすべきであるとし

た。また、Yは、二男の学習塾費用の分担も求めていたが、原審は、Xの明示の承諾がないとして、これもしりぞけ、月額14万円の婚姻費用の分担を命じた。Xはこれを不服として、抗告した。

　本件で、Xは、長男が別居前に成年に達しており、また婚姻関係破綻の原因はYにあるので、Xの婚姻費用分担義務は二男の養育費相当部分に限るべきであると主張していた。

【裁判理由】

　「長男は、成年に達した後に大学に入学し、現在も在学中であり、Xも長男の大学進学を積極的に支援していたのであるから、婚姻費用分担額算定に当たり、長男を15歳以上の未成年の子と同等に扱うのが相当である。」また、「Yにおいて Xの単身赴任解消間際に唐突にも別居するなど、些か不相当な行状もなくはないが、これのみをもって、別居又は婚姻関係破綻の原因が専ら又は主としてYにあるとし、Xに対する婚姻費用分担請求を権利の濫用であるとして排斥すべきとまではいえない。」

　「Xは、二男に学習塾に通わせたのであるから……、その費用についても相応の負担をすべきであ」る。

【参照条文】

　民法760条

分　析

(1)　婚姻費用分担の対象者

　民法760条により、夫婦は、婚姻から生ずる費用を分担する。「婚姻から生ずる費用」（以下、婚姻費用）には、夫婦の生活費と子の養育費相当分が含まれる。[*1]　実務上、婚姻費用分担額の算定は、いわゆる標準的算定方式およびそれに依拠した算定表を利用して行われることが定着している。[*2]標準的算定方式は、0歳から14歳までの子と、15歳から19歳までの子にあてられるべき生活費の割合を指数化している（この当時の成人年齢は20歳である）。その際、最低生

活費に公立中学校および公立高等学校の教育費が加算されているので、この算定方式で得られる婚姻費用および養育費は、「理論上は、公立中学・公立高校に関する学校教育費を含むもの」となる。[*3] したがって、大学に通っている子や成年の子は、考慮されていない。原審判は、いわば厳格にこの算定方式を適用し、長男は自ら扶養料を請求するべきであると判断するにいたったと解される。

これに対して、本件は、長男を15歳以上の未成年の子と同等に扱った。

その理由として、①長男が成年に達した後に大学に入学していること、②現在も在学中であること、および、③Xも長男の大学進学を積極的に支援していたことを挙げている。

同様の判断を示した審判例・裁判例は他にもいくつかある。大学に在学していること、[*4] 非監護親が進学に賛成していたこと、[*5] 当事者双方の学歴および非監護親の収入状況[*6] など、その根拠は一様でないが、いずれも、大学生は、成年に達していても、「自ら生活をするだけの収入を得ること」ができず、「未成年者と同視できる」ので、15歳以上の子として取り扱うのが相当としている。[*7] 本件では、上記①〜③により、非監護親は長男の大学進学に賛成していたので、これを理由に長男を15歳以上の未成年の子として取り扱うことは、これらの先例に沿うものである。

成年年齢に達していても、監護親が自活できない子を現に監護しているという事実に変わりはない。原審判のように、成年に達した後の分については、改めて子自身が扶養料の請求を申し立てる必要があるとするのは、「いかにも硬直的」である。成年後の分も一括して解決することは、子の福祉に資する。[*8] それゆえ、本件の判断は妥当である。

(2) 算定表で考慮されていない教育費の取扱い

上記のように、標準的算定方式で得られる婚姻費用に、大学に関する学校教育費は含まれていない。そこで、本件のように、成年に達した子を未成年の子として取り扱う場合、公立高等学校の教育費相当額と大学の学費等との差額を分担させることができるのかどうかが問題となる。[*9]

一般に、両親が子の大学進学を承諾している場合は、学費の負担を拒否する

ことは難しい。実際、非監護親が進学に同意していたとみなされる場合、差額
を当事者双方に按分して負担させるのが相当であるとした審判例があり、大学
進学を承諾していれば、算定表で考慮されていない学費を負担させるべきであ
るという考えが、実務では定着しつつあると言える。もっとも、承諾があって
も、奨学金やアルバイトによる収入があるときは、子の年齢、非監護親の経済
状況、非監護親が扶養すべき未成熟子の人数等を考慮したうえで、分担が認め
られないこともある。本件は、この点にまったくふれなかった。長男の現況に
ふれることなく、学費分担の可否を検討すらしなかったのは、「当事者間の公
平の見地から」、疑問なしとしない。

　また、標準的算定方式では、学習塾などの「学校外活動費」（学習塾費など
の補助学習費を含む）が考慮されていないので、これらの費用の分担可否が問
題となる。この点につき、原審判は、Xによる明示の承諾がないとして、分担
の対象にしなかった。別居にいたったのが平成28年6月末日、二男は同年5月
からG塾に通いはじめ、翌年4月からH塾にうつっている。このような時系列
も考慮したうえで、「明示の承諾がない」と認定したと解される。他方、本件
は、Xが学習塾に「通わせた」のであるから、相応の負担をするべきであると
した。しかし、認定された事実を見る限り、別居後1年近く経過してから通い
はじめたH塾に、Xが二男を「通わせた」とは言い難いように思われる。同居
中に通わせていたからといって、別居後、別の塾に通わせるとは限らないから
である。

　学習塾費の分担可否については、一方で、学習塾費は婚姻費用から捻出され
るべきものなので、非監護親に分担を求めることはできないとする学説・裁
判例がある。他方、非監護親の承諾や、非監護親の収入・学歴・地位などから
その負担が不合理でない事情があれば、分担の対象とするべきであるとする学
説・裁判例もある。

　原審判および本件は、非監護親の承諾があれば分担を求めることができると
の立場を採ったと解されるが、少なくとも別居後通いはじめた塾の費用につい
て、非監護親の承諾を理由に分担させることは妥当でない。非監護親の収入や
二男の学習の必要性から、その負担が不合理でないとして、分担を命じるべき
だったと考える。

(3) 有責性を理由とする婚姻費用分担額減額の可否

　本件で、Xは、別居または婚姻関係破綻の原因は、無断で財産を持ち出し、出て行ったYにあるので、Xの婚姻費用分担義務は、二男の養育費相当部分に限るべきであると主張した。別居の原因の全部または大部分がYにあれば、Yは有責配偶者となり、Yが婚姻費用を請求することは信義則に反する。したがって、Xが主張するように、通常の夫婦間における扶助義務よりも程度を減じて、養育費に限って認めるのが相当となる。[22]

　しかし、配偶者が無断で財産を持ち出し、家を出て行ったとの外形的な事実だけでは、有責とまではいえない。不貞など明らかに有責と考えられる事実がなければ、「別居の原因の全部又は大部分」がXにある可能性を完全には否定できないからである。[23]この点は、別居にいたるまでの経緯に照らして判断されるべきことであるが、婚姻費用分担請求に関する審理は、「簡易な審理による迅速な解決」が求められており、それに適した場ではない。[24]

注

*1　青山道夫＝有地亨編『新版注釈民法（21）親族（1）』（有斐閣，1989年）431頁、菱山泰男＝太田寅彦「婚姻費用の算定を巡る実務上の諸問題」判タ1208号（2006年）24頁、26頁。

*2　東京・大阪養育費等研究会「簡易迅速な養育費等の算定を目指して——養育費・婚姻費用の算定方式と算定表の提案」判タ1111号（2003年）285〜315頁。2019年、算定方法の一部を改良した司法研修所編『養育費、婚姻費用の算定に関する実証的研究』（法曹会，2019年）が公表されている。

*3　東京・大阪養育費等研究会・前掲*2　290頁。

*4　東京家審平27.6.26 判時2274号100頁、東京家審平27.8.13 家判8号91頁、東京家審平29.6.30 判例集未登載。

*5　大阪高決平30.10.11 家判21号70頁、さいたま家川越支審平31.4.16 判例集未登載。

*6　大阪家審平30.7.10 家判21号73頁。

*7　東京高決平29.11.9 家判23号79頁。

*8　岡健太郎「養育費の算定と執行」野田愛子＝梶村太市総編集『新家族法実務大系（2）』（新日本法規，2008年）306頁、司法研修所編・前掲*2　58頁、村松多香子「平30年度司法研究『養育費、婚姻費用の算定に関する実証的研究』の概要」

家判24号（2020年）11頁。

*9　松本哲泓『婚姻費用・養育費の算定』（新日本法規, 2018年）132頁。

*10　菱山＝太田・前掲*1　26頁。

*11　前掲*4　東京家審平29.6.30。学費を負担しているので、年収から学費を控除した額を基礎収入として算定するべきであるとの主張は、認められなかった。前掲*5　さいたま家川越支審平31.4.16。

*12　前掲*4　東京家審平27.6.26も、大学に進学している以上、学費については、それぞれの収入で按分すべきであるとしている。

*13　前掲*4　東京家審平27.6.26。

*14　前掲*4　東京家審平27.8.13。

*15　前掲*5　さいたま家川越支審平31.4.16。

*16　同旨、東京高決平30.11.28判例集未登載。

*17　菱山＝太田・前掲*1　30頁。

*18　前掲*4　東京家審平29.6.30、前掲*16　東京高決平30.11.28。

*19　松本・前掲*9　131頁。

*20　大阪高決平21.9.25判例集未登載。

*21　東京家立川支審平30.10.11判タ1471号35頁は、このような観点から、学習塾費を負担することとするのが相当であるとしている。

*22　大阪高決平16.1.14家月56巻6号155頁、大阪高決平28.3.17家判9号105頁。

*23　松本・前掲*9　27～28頁。

*24　岡健太郎「婚姻費用の算定と執行」野田愛子＝梶村太市総編集『新家族法実務大系（1）』（新日本法規, 2008年）285頁。

（事例研究8—初出／有斐閣『民商法雑誌』第156巻第5・6号 p.76～81）

離婚後の面会交流・共同親権に関する考察

2024年 6 月10日　第 1 刷発行

著　者　　花元 彩

発行者　　岩本 恵三

発行所　　せせらぎ出版
　　　　　〒530-0043 大阪市北区天満1-6-8 六甲天満ビル 10階
　　　　　TEL：06-6357-6916　　FAX：06-6357-9279

印刷・製本所　モリモト印刷株式会社

ISBN　978-4-88416-308-2
本書の一部、あるいは全部を無断で複写・複製・転載・放映・データ配信することは、
法律で認められた場合をのぞき、著作権の侵害となります。

©2024, Aya Hanamoto, Printed in Japan

表紙画像提供：PIXTA